中國特色社會主義制度為什麼管用

人民日報社理論部　編

目　錄

第一章

中國特色社會主義進入新時代

奮力譜寫堅持和發展中國特色社會主義新篇章

楊勝群

中國特色社會主義是不斷發展、不斷前進的事業，猶如一部鴻篇巨制，需要一代又一代人接續奮筆書寫。習近平同志在黨的十九大報告中指出，經過長期努力，中國特色社會主義進入了新時代，這是我國發展新的歷史方位。在中國特色社會主義新時代，全黨要更加自覺地增強道路自信、理論自信、制度自信、文化自信，既不走封閉僵化的老路，也不走改旗易幟的邪路，保持政治定力，堅持實幹興邦，始終堅持和發展中國特色社會主義，奮力譜寫堅持和發展中國特色社會主義新篇章。

關於我國發展歷史方位和中華民族偉大復興歷史進程的新論斷

習近平同志指出，中國特色社會主義進入新時代，意味著近代

以來久經磨難的中華民族迎來了從站起來、富起來到強起來的偉大飛躍，迎來了實現中華民族偉大復興的光明前景。這是關於我國發展歷史方位和中華民族偉大復興歷史進程的新論斷，具有深遠的戰略意義。

中國特色社會主義進入新時代是基於客觀事實的判斷。改革開放近 40 年來，我們黨團結帶領全國各族人民不懈奮鬥，推動我國經濟實力、科技實力、國防實力、綜合國力進入世界前列，推動我國國際地位實現前所未有的提升，黨的面貌、國家的面貌、人民的面貌、軍隊的面貌、中華民族的面貌發生了前所未有的變化。正是在這個基礎上，中國特色社會主義進入了新時代。

用站起來、富起來、強起來概括中華民族偉大復興的歷史進程。近代以來，一代又一代志士仁人前仆後繼地奮鬥與犧牲，都是為了中華民族站起來、富起來、強起來。但直到中國共產黨登上中國政治舞臺，才完整提出建立一個獨立、統一、民主、富強的新中國的目標，並一步一步將其變為現實。毛澤東同志提出，中國共產黨領導新民主主義革命要「使中華民族來一個大翻身」「使中國人民來一個大翻身」。新中國成立標誌著中華民族開啟了從站起來到富起來、強起來的歷史征程。改革開放歷史新時期，我們黨致力於人民富裕和國家富強，開創中國特色社會主義道路，確立了把中國建設成為富強民主文明和諧的社會主義現代化國家的奮鬥目標。經過黨和人民的接續奮鬥，今天中華民族實現了從站起來、富起來到強起來的歷史性飛躍，正行進在把我國建設成為富強民主文明和諧美麗的社會主義現代化強國的新征程上，我們比歷史上任何時期都更接近、更有信心和能力實現中華民族偉大復興的目標。

習近平同志關於我國發展歷史方位和中華民族偉大復興歷史進程

的新論斷，深刻揭示了中國特色社會主義對於中華民族偉大復興的決定性意義。從站起來、富起來到強起來，中國之所以能實現這一偉大飛躍，歸根到底是因為走上了中國特色社會主義道路。從站起來、富起來到強起來的偉大飛躍，使中華民族偉大復興站在一個新的歷史起點上，揭開了堅持和發展中國特色社會主義的新篇章。

對堅持和發展中國特色社會主義這篇大文章新的謀篇佈局

習近平同志立足新的歷史起點，著眼於實現「兩個一百年」奮鬥目標和中華民族偉大復興，對堅持和發展中國特色社會主義這篇大文章作了新的謀篇佈局，提出了全域性、戰略性、前瞻性的行動綱領。

突出強調中國特色社會主義這個主題。繼續寫好堅持和發展中國特色社會主義這篇大文章，要用中國特色社會主義這個主題引領全篇。習近平同志強調，中國特色社會主義是改革開放以來黨的全部理論和實踐的主題，全黨要更加自覺地增強中國特色社會主義道路自信、理論自信、制度自信、文化自信。中國特色社會主義這個主題是黨和人民歷盡千辛萬苦、付出巨大代價取得的根本成就，是改革開放近 40 年實踐的根本總結。中國特色社會主義是根植於中國大地、反映中國人民意願、適應中國和時代發展進步要求的科學社會主義。在當代中國，堅持中國特色社會主義這一主題就是堅持社會主義的政治方向，而且這個主題的內涵是不斷豐富發展的。正如習近平同志所指出的，黨的十八大以來，我們黨進行艱辛理論探索，取得重大理論創新成果，形成了新時代中國特色社會主義思想。新時代中國特色社會主義思想的形成具有重大而深遠的意義，為中國特色社會主義理論體系增添了新

的重要內容，是全黨全國人民為實現中華民族偉大復興而奮鬥的行動指南。

科學判斷我國社會主要矛盾的新變化和基本國情沒有變。習近平同志運用辯證唯物主義和歷史唯物主義方法，對中國特色社會主義新時代我國社會主要矛盾作出新的科學判斷：我國社會主要矛盾已經轉化為人民日益增長的美好生活需要和不平衡不充分的發展之間的矛盾。同時指出，我國社會主要矛盾的變化，沒有改變我們對我國社會主義所處歷史階段的判斷，我國仍處於並將長期處於社會主義初級階段的基本國情沒有變，我國是世界最大發展中國家的國際地位沒有變。這一判斷，為制定堅持和發展中國特色社會主義的新思路、新戰略、新舉措提供了最基本的科學依據。這一判斷，要求我們一方面牢牢把握社會主義初級階段這個基本國情，牢牢立足社會主義初級階段這個最大實際，牢牢堅持黨的基本路線這個黨和國家的生命線、人民的幸福線；另一方面要求我們在繼續推動發展的基礎上，著力解決好發展不平衡不充分問題，大力提升發展品質和效益，更好滿足人民在經濟、政治、文化、社會、生態等方面日益增長的需要，更好推動人的全面發展、社會全面進步。

明確提出決勝全面建成小康社會、開啟全面建設社會主義現代化國家新征程。習近平同志指出，從現在到 2020 年是全面建成小康社會決勝期，特別強調要使全面建成小康社會得到人民認可、經得起歷史檢驗，並對決勝全面建成小康社會提出了新的要求、作了新的動員。他還強調，我們既要全面建成小康社會、實現第一個百年奮鬥目標，又要乘勢而上開啟全面建設社會主義現代化國家新征程，向第二個百年奮鬥目標進軍。習近平同志綜合分析國際國內形勢和我國發展條件，

對向第二個百年奮鬥目標進軍作了兩個階段的戰略安排：第一個階段，從 2020 年到 2035 年，在全面建成小康社會的基礎上，再奮鬥 15 年，基本實現社會主義現代化；第二個階段，從 2035 年到本世紀中葉，在基本實現現代化的基礎上，再奮鬥 15 年，把我國建成富強民主文明和諧美麗的社會主義現代化強國。從全面建成小康社會到基本實現現代化，再到全面建成社會主義現代化強國，是新時代中國特色社會主義發展的戰略安排。我們要堅忍不拔、鍥而不捨，奮力譜寫社會主義現代化新征程的壯麗篇章。

進一步明確中國特色社會主義建設的總體佈局、戰略佈局，圍繞兩大佈局和貫徹新發展理念提出新的目標、要求和舉措。「五位一體」總體佈局、「四個全面」戰略佈局和新發展理念等，是中國特色社會主義發展「四樑八柱」性質的基本框架結構，集中體現了社會主義的本質要求，集中體現了堅持和發展中國特色社會主義的客觀規律，集中體現了以人民為中心的發展思想，集中體現了我們黨治國理政的基本方略。習近平同志強調，要明確中國特色社會主義事業總體佈局是「五位一體」、戰略佈局是「四個全面」，並在對新時代中國特色社會主義思想內涵的闡發中將其具體化為黨和國家工作的基本方略。同時，圍繞貫徹落實這兩大佈局和新發展理念，在分別闡述經濟建設、政治建設、文化建設、社會建設、生態文明建設、國防和軍隊建設時提出了更為明確的目標、要求和舉措。

以永不懈怠的精神狀態和一往無前的奮鬥姿態續寫新篇章

隨著中國特色社會主義事業的蓬勃發展，中華民族偉大復興展現

出前所未有的光明前景。行百里者半九十。習近平同志告誡全黨，中華民族偉大復興，絕不是輕輕鬆鬆、敲鑼打鼓就能實現的。全黨必須準備付出更為艱巨、更為艱苦的努力。我們要以永不懈怠的精神狀態和一往無前的奮鬥姿態，繼續朝著實現中華民族偉大復興的宏偉目標奮勇前進。

　　黨的精神狀態，取決於能否堅持全面從嚴治黨。黨的十八大以來的 5 年，我們勇於面對黨面臨的重大風險考驗和黨內存在的突出問題，以頑強意志品質正風肅紀、反腐懲惡，消除了黨和國家內部存在的嚴重隱患，黨內政治生活氣象更新，黨內政治生態明顯好轉，黨的創造力、凝聚力、戰鬥力顯著增強，黨的團結統一更加鞏固，黨群關係明顯改善，黨在革命性鍛造中更加堅強，煥發出新的強大生機活力，為黨和國家事業發展提供了堅強政治保證。歷史已經並將繼續證明，沒有中國共產黨的領導，民族復興必然是空想。我們黨要始終成為時代先鋒、民族脊樑，始終成為馬克思主義執政黨，自身必須始終過硬。全黨要更加自覺地堅定黨性原則，勇於直面問題，敢於刮骨療毒，消除一切損害黨的先進性和純潔性的因素，清除一切侵蝕黨的健康肌體的病毒，不斷增強黨的政治領導力、思想引領力、群眾組織力、社會號召力，確保我們黨永葆旺盛生命力和強大戰鬥力。

　　「大事難事看擔當」。中國特色社會主義事業、中華民族復興偉業，需要一代又一代人的歷史擔當。各級領導幹部要強化擔當意識，用鐵的肩膀切實把推動改革發展穩定的責任擔當起來，切實把全面從嚴管黨治黨的責任擔當起來，真正做到守土有責、守土負責、守土盡責。當前，改革到了攻堅階段，要敢於碰硬，攻堅克難，將改革進行到底；扶貧脫貧到了攻堅階段，要直面困難，敢於啃硬骨頭，堅決打

贏精準扶貧脫貧攻堅戰。每一個共產黨員都要在自己的崗位上積極為黨分憂、為民盡責，在全黨推動形成想作為、敢作為、能作為的新風尚。「空談誤國，實幹興邦」。擔當意味著實幹。中國特色社會主義要實實在在幹出來。不真抓實幹，再宏偉的藍圖都只能停留在紙面上。到 2020 年全面建成小康社會，是我們黨向人民、向歷史作出的莊嚴承諾，目標不可移易，標準不可降低，時間不可延誤。各級領導幹部要求真務實、真抓實幹，堅持從實際出發謀劃事業和工作，使工作理念、政策、方案符合實際情況，符合科學精神；避免東一榔頭西一棒子，一張好的藍圖幹到底，切實幹出成效來，努力創造經得起實踐、人民和歷史檢驗的工作業績。

「創新是一個民族進步的靈魂」。習近平同志將創新提到民族基本精神品格的高度加以強調。創新是中國特色社會主義的生機和活力所在，是中國力量的源泉，是中國精神的核心。敢於擔當，還要善於擔當；實幹，還要善於幹。現在，我們比歷史上任何時候都更需要開拓創新。要以創新推動改革，以創新驅動發展，以創新開創新局面。繼續寫好堅持和發展中國特色社會主義這篇大文章，要大力營造崇尚創新、鼓勵創造的社會環境，讓一切創新都得到尊重，讓一切創新都得到支持，讓一切創新成果都得到充分利用，使創新真正成為全民族的精神追求和精神品格。

《人民日報》（2017 年 10 月 20 日　17 版）

新時代中國共產黨的歷史使命

何毅亭

　　習近平同志在黨的十九大報告中指出：「中國共產黨一經成立，就把實現共產主義作為黨的最高理想和最終目標，義無反顧肩負起實現中華民族偉大復興的歷史使命。」報告全面總結我們黨為實現中華民族偉大復興走過的輝煌歷程，明確提出實現新時代黨的歷史使命的新要求。這對於進一步增強全黨的使命意識、擔當精神，奮力奪取新時代中國特色社會主義偉大勝利具有重大意義。

中國共產黨是民族復興使命的合格擔當者

　　歷史的長河大浪淘沙，也昭示歷史擔當者的風采。實現中華民族偉大復興是近代以來中華民族最偉大的夢想，誰能夠承擔起這個歷史使命，誰就能贏得中國各民族人民的衷心擁護，成為中華民族的主心骨。

　　中華民族有五千多年文明歷史，為人類進步與發展作出了卓越貢獻。鴉片戰爭後，中國陷入內憂外患的黑暗境地，中國人民經歷了戰亂頻仍、山河破碎、民不聊生的深重苦難。為了民族復興，無數仁人志士「以愛國相砥礪，以救亡為己任」，不屈不撓、前仆後繼，進行可歌可泣的鬥爭，進行各式各樣的嘗試。不甘屈服的中國人民一次次抗爭，一次次失敗，又一次次奮起。歷史呼喚真正合格的使命擔當者。在歷史的反復比較中，在各種政治力量的反復較量中，在馬克思列寧

主義同中國工人運動的結合過程中，中國共產黨應運而生。我們黨一經成立，就義無反顧肩負起實現中華民族偉大復興的歷史使命。

我們黨團結帶領人民進行 28 年浴血奮戰，打敗日本侵略者，打敗國民黨反動派，推翻帝國主義、封建主義、官僚資本主義統治，完成了新民主主義革命，建立了中華人民共和國，實現了中國從幾千年封建專制政治向人民民主的偉大飛躍，為中華民族偉大復興掃清了根本障礙。

我們黨團結帶領人民完成社會主義革命，確立社會主義基本制度，推進社會主義建設，完成了中華民族有史以來最為廣泛而深刻的社會變革，實現了中華民族由近代不斷衰落到根本扭轉命運、持續走向繁榮富強的偉大飛躍，為中華民族偉大復興奠定了堅實基礎。

我們黨團結帶領人民進行改革開放新的偉大革命，開闢了中國特色社會主義道路，使中國大踏步趕上時代，迎來了中華民族從站起來到富起來、強起來的偉大飛躍，為中華民族偉大復興開闢了光明前景。

回顧近代以來的中國歷史，正是有了中國共產黨，才改變了中國人民的命運，創造了中華民族新輝煌。為了實現中華民族偉大復興的歷史使命，一代又一代中國共產黨人同中國人民接續奮鬥，攻克了一個又一個看似不可攻克的難關，創造了一個又一個彪炳史冊的人間奇跡。實踐充分證明，中國共產黨是民族復興使命的合格擔當者，只有中國共產黨才能帶領人民實現中華民族偉大復興的夢想。

實現新時代歷史使命必須付出更為艱苦的努力

黨的十八大以來，在新中國成立特別是改革開放以來我國發展取

得的重大成就基礎上，黨和國家事業發生歷史性變革，我國發展站到了新的歷史起點上，中國特色社會主義進入了新時代。今天，我們比歷史上任何時期都更接近、更有信心和能力實現中華民族偉大復興的目標。行百里者半九十。在新的歷史條件下實現黨的歷史使命，意味著面臨的新情況新問題越來越多、矛盾和困難越來越多、風險和挑戰越來越多，阻力和壓力也會越來越大，必須準備付出更為艱巨、更為艱苦的努力。

當今世界，和平與發展仍然是時代主題。世界多極化、經濟全球化、社會信息化、文化多樣化深入發展，全球治理體系和國際秩序變革加速推進，各國相互聯繫和依存日益加深，國際力量對比更趨平衡，和平發展大勢不可逆轉。同時，世界面臨的不穩定性不確定性突出，人類面臨許多共同挑戰。特別是中國的發展壯大必然對現有國際格局產生重大影響，國際社會期待我國在更多領域承擔更多責任，但也有一些國家不願看到社會主義中國發展壯大，千方百計對我們進行防範、阻撓和遏制 如何順應和平、發展、合作的時代潮流，在識變、應變、求變中急起直追？如何更好統籌國內國際兩個大局，在激烈的國際競爭中贏得優勢、贏得主動、贏得未來？如何在參與全球治理中擴大話語權、規則制定權，堅定捍衛我國主權、安全、發展利益，維護世界和平、促進共同發展？這些都需要我們付出更加艱苦的努力，以新的作為作出回答。

當前，我國經濟社會發展呈現良好勢頭，社會總體和諧穩定，人民生活繼續改善，經濟增速在世界主要國家中一直名列前茅。同時，改革進入深水區，經濟發展進入新常態，經濟下行壓力加大，各種矛盾疊加，風險隱患增多，形勢變化之快前所未有，改革發展穩定任務

之重前所未有，矛盾風險挑戰之多前所未有，對黨治國理政的考驗之大前所未有。如何破解前進道路上面臨的各種難題？如何有效應對重大挑戰、抵禦重大風險、克服重大阻力、解決重大矛盾？這些都需要我們付出更加艱苦的努力，拿出新的理念和辦法。

經過黨的十八大以來全面從嚴治黨，黨的建設取得重大成效，黨內政治生活氣象更新，黨內政治生態明顯好轉。同時，我們黨面臨的執政環境是複雜的，影響黨的先進性、弱化黨的純潔性的因素也是複雜的，黨內存在的思想不純、組織不純、作風不純等突出問題尚未得到根本解決，一些老問題反彈回潮的可能依然存在，還出現了一些新情況新問題。全面從嚴治黨依然任重道遠。如何推動全面從嚴治黨向縱深發展？這同樣需要我們付出更加艱苦的努力。

統攬偉大鬥爭、偉大工程、偉大事業、偉大夢想

新時代給黨的歷史使命提出了新要求，我們必須緊緊圍繞實現偉大夢想去進行偉大鬥爭、建設偉大工程、推進偉大事業。

黨的十九大把偉大鬥爭、偉大工程、偉大事業、偉大夢想作為一個統一整體提出來，是一個重大理論創新，明確了黨在新時代治國理政的總方略、引領全域的總藍圖、謀劃工作的總座標，體現了奮鬥目標、實現路徑、前進動力的高度統一，體現了歷史傳承、現實任務、未來方向的高度統一，體現了黨的前途命運、國家的前途命運、民族的前途命運的高度統一，深刻回答了什麼是新時代黨的歷史使命、怎樣實現新時代黨的歷史使命這一重大理論和實踐問題，使我們黨對自身肩負歷史使命的認識達到了新的高度。

　　實現偉大夢想，必須進行偉大鬥爭。社會是在矛盾運動中前進的，有矛盾就會有鬥爭。今天，新的偉大鬥爭的內容十分廣泛，表現形式也必然複雜多樣，需要我們始終保持高度政治警覺，隨時準備進行鬥爭。要更加自覺地堅持黨的領導和我國社會主義制度，對一切否定黨的領導、否定我國社會主義制度、否定改革開放的言行，對一切歪曲、醜化、否定中國特色社會主義的言行，對一切違背、歪曲、否定黨的基本路線的言行，必須旗幟鮮明地反對和抵制。要更加自覺地維護人民利益，堅決防止和反對脫離群眾、損害和侵佔群眾利益的行為。要更加自覺地投身改革創新時代潮流，敢於向積存多年的頑瘴痼疾開刀，堅決清除妨礙生產力發展的體制機制障礙。要更加自覺地維護我國主權、安全、發展利益，堅決反對一切分裂祖國、破壞民族團結和社會和諧穩定的行為。要更加自覺地防範各種風險，增強憂患意識、風險意識，堅決戰勝一切在政治、經濟、文化、社會等領域和自然界出現的困難和挑戰。在推進偉大鬥爭中，我們要強化鬥爭意識、鼓足鬥爭勇氣、把握鬥爭規律、講究鬥爭藝術、提高鬥爭本領，堅決摒棄一切貪圖享受、一切消極懈怠、一切回避矛盾的思想和行為，不斷奪取偉大鬥爭新勝利。

　　實現偉大夢想，必須建設偉大工程。新的歷史條件下，我們黨要始終成為時代先鋒、民族脊樑，保持馬克思主義政黨本色，自身必須始終過硬。越是目標遠大、任務艱巨，越是挑戰頻仍、矛盾集中，越是要把黨建設得更加堅強有力，越是要求全黨同志精神狀態、思維方式、行為方式、工作方式有新的轉變，素質能力有新的提升。要按照黨的十九大提出的黨的建設總要求和重點任務，牢固樹立全面從嚴治黨永遠在路上的理念，消除一切損害黨的先進性和純潔性的因素，清

除一切侵蝕黨的健康肌體的病毒，不斷增強管黨治黨的系統性、預見性、創造性、實效性，不斷增強黨的政治領導力、思想引領力、群眾組織力、社會動員力，確保我們黨永葆旺盛生命力和強大戰鬥力。尤其要把黨的政治建設擺在首位，用習近平新時代中國特色社會主義思想武裝全黨，建設高素質專業化幹部隊伍，加強基層組織建設，持之以恆正風肅紀，奪取反腐敗鬥爭壓倒性勝利，健全中國特色國家監察體制，全面增強執政本領。

實現偉大夢想，必須推進偉大事業。中國特色社會主義是改革開放以來黨的全部理論和實踐的主題，是黨和人民歷盡千辛萬苦、付出巨大代價取得的根本成就，是當代中國發展進步的根本方向。新時代推進偉大事業，必須保持強大政治定力，堅定道路自信、理論自信、制度自信、文化自信，既不走封閉僵化的老路，也不走改旗易幟的邪路，堅定不移走中國特色社會主義道路。要深刻認識新時代堅持和發展中國特色社會主義的新要求，順應我國社會主要矛盾發生的新變化，準確把握實現「兩個一百年」奮鬥目標新的戰略安排，統籌推進「五位一體」總體佈局，協調推進「四個全面」戰略佈局，在繼續推動發展的基礎上，著力解決好發展不平衡不充分問題，大力提升發展品質和效益，更好滿足人民在經濟、政治、文化、社會、生態等方面日益增長的需要，更好推動人的全面發展、社會全面進步。

偉大鬥爭、偉大工程、偉大事業、偉大夢想緊密聯繫、相互貫通、相互作用，是一個有機統一的整體。偉大夢想指引正確方向，為偉大鬥爭、偉大工程、偉大事業提供領航導向；偉大鬥爭昭示擔當精神，為偉大工程、偉大事業、偉大夢想掃除障礙、提供牽引；偉大工程鍛造領導力量，為偉大鬥爭、偉大事業、偉大夢想提供堅強保證；偉

大事業宣示道路旗幟，為偉大鬥爭、偉大工程、偉大夢想開闢前進路徑。在新時代，我們要把偉大鬥爭、偉大工程、偉大事業、偉大夢想貫通起來理解、協同起來貫徹，牢固確立「四個意識」，在思想上政治上行動上同以習近平同志為核心的黨中央保持高度一致，肩負起新時代中國共產黨人的歷史使命，在堅持和發展中國特色社會主義偉大實踐中不斷創造新的輝煌業績。

《人民日報》（2017 年 11 月 28 日　07 版）

深刻理解中國特色社會主義進入新時代

陳　晉

習近平同志在黨的十九大報告中指出：「中國特色社會主義進入了新時代。」這是對我國發展新的歷史方位的科學判斷。深刻理解中國特色社會主義進入新時代的重大政治論斷，需要與深刻理解我國社會主要矛盾發生新變化的新特點、深刻理解分兩步走全面建設社會主義現代化國家的新目標有機結合起來。只有將這些方面有機結合起來，才能準確把握習近平新時代中國特色社會主義思想的歷史起點和邏輯前提。

進入新時代意味著中國特色社會主義站到更高層級的歷史方位上

時代是表述特定社會歷史階段的範疇，不同時代有不同內涵。我們堅持和發展中國特色社會主義，面對的最大國情是我國正處於並將長期處於社會主義初級階段。但是，社會主義初級階段是一個很長時期，其特點不可能不發生某些階段性變化。因此，在社會主義初級階段這個長歷史過程中，我國社會主要矛盾也必然隨著社會發展而變化。與時俱進地對中國特色社會主義所處的歷史方位作出清醒判斷，是我們黨領導人民不斷開創中國特色社會主義新局面的必然要求，也是黨的創造力、領導力的具體體現。

　　習近平同志在黨的十九大報告中明確作出中國特色社會主義進入新時代的重大政治論斷，準確反映了中國特色社會主義在長期建設中取得的歷史性成就、黨和國家事業發生的歷史性變革，準確反映了黨的十八大以來取得的全方位、開創性成就和深層次、根本性變革。這些成就和變革的重大意義，主要體現在習近平同志在黨的十九大報告中提出的「三個意味著」：意味著近代以來久經磨難的中華民族迎來了從站起來、富起來到強起來的偉大飛躍，迎來了實現中華民族偉大復興的光明前景；意味著科學社會主義在 21 世紀的中國煥發出強大生機活力，在世界上高高舉起了中國特色社會主義偉大旗幟；意味著中國特色社會主義道路、理論、制度、文化不斷發展，拓展了發展中國家走向現代化的途徑，給世界上那些既希望加快發展又希望保持自身獨立性的國家和民族提供了全新選擇，為解決人類問題貢獻了中國智慧和中國方案。這「三個意味著」，從中華民族的命運、社會主義的命運和世界發展的命運三個維度，勾畫出中國特色社會主義進入新時代的參照座標。

　　中國特色社會主義進入新時代，使中國的發展站到一個更高層級的歷史方位上。從這個歷史方位往前看，新時代的內涵，在國家層面是決勝全面建成小康社會、進而全面建設社會主義現代化國家；在人民層面是不斷創造美好生活、逐步實現全體人民共同富裕；在中華民族層面是奮力實現中華民族偉大復興；在中國和世界的關係層面是中國日益走近世界舞臺中央、不斷為人類作出更大貢獻。顯然，這些內涵和使命是緊扣中國夢包括的國家富強、民族振興、人民幸福具體目標來說的。也就是說，新時代是通過努力奮鬥更真切地貼近實現中國夢的時代。

　　作出中國特色社會主義進入新時代的重大政治論斷，彰顯了中國共產黨審時度勢的非凡能力。習近平同志去年在「七一」重要講話中講了一句非常深刻的話，他說：「歷史總是要前進的，歷史從不等待一切猶豫者、觀望者、懈怠者、軟弱者。只有與歷史同步伐、與時代共命運的人，才能贏得光明的未來。」中國共產黨在革命、建設、改革的不同歷史時期之所以能不斷取得巨大成功，關鍵在於能夠在時代變化的關頭準確判斷歷史方向、正確把握形勢發展的趨勢和時代大潮的走向。作出中國特色社會主義進入新時代的重大政治論斷，從新的歷史起點和時代條件出發謀劃發展，必將不斷開創中國特色社會主義新局面。

進入新時代的重要標誌是我國社會主要矛盾的變化

　　事物發展的階段性主要表現為主要矛盾的變化或矛盾主要方面的變化。習近平同志在黨的十九大報告中作出中國特色社會主義進入新時代的重大政治論斷，最關鍵的理論和實踐基礎是我國社會主要矛盾已經從「人民日益增長的物質文化需要同落後的社會生產之間的矛盾」轉化為「人民日益增長的美好生活需要和不平衡不充分的發展之間的矛盾」。我國社會主要矛盾的變化，是中國特色社會主義進入新時代的重要標誌，也是新時代的重要特徵。

　　在馬克思主義發展史上，社會主要矛盾這一提法是中國共產黨的一大理論創新。1956 年，在中國進入全面建設社會主義時期的重大歷史關頭，黨的八大第一次明確提出並闡釋「我們國內的主要矛盾」。黨的十一屆三中全會實現了黨和國家事業發展的重大歷史轉折，反映

在對社會主要矛盾的認識上，就是重回黨的八大的有關表述。鄧小平同志 1979 年 3 月在中央召開的理論務虛會上，明確把什麼是我國當前的社會主要矛盾作為一個重大課題提了出來，他說：「我們的生產力發展水準很低，遠遠不能滿足人民和國家的需要，這就是我們目前時期的主要矛盾，解決這個主要矛盾就是我們的中心任務。」這個社會主要矛盾是黨的十一屆三中全會作出把黨和國家工作中心轉移到經濟建設上來、實行改革開放的歷史性決策的依據和前提。

　　1981 年黨的十一屆六中全會通過的《關於建國以來黨的若干歷史問題的決議》，正式對社會主要矛盾作了概括：「社會主義改造基本完成以後，我國所要解決的主要矛盾，是人民日益增長的物質文化需要同落後的社會生產之間的矛盾。」從那以後，我們黨一再強調社會主要矛盾問題，並且都是將其同國情、同解放和發展社會生產力的歷史任務聯繫起來講。黨的十九大報告正式提出「人民日益增長的美好生活需要和不平衡不充分的發展」這一新的社會主要矛盾，也是同國情問題、同解放和發展社會生產力問題緊密聯繫的。

　　關於「人民日益增長的美好生活需要」，可以從兩個方面來看。一是人民需要的內涵大大擴展。不僅對物質文化生活提出更高要求，而且從人的全面發展和社會全面進步的角度提出更多要求，比如民主、法治、公平、正義、安全、環境等方面的需要日益增長起來。也就是說，人民的需要從物質文化領域向物質文明、政治文明、精神文明、社會文明、生態文明全面拓展。二是人民需要的層次大大提升。比如，期待有更好的教育、更穩定的工作、更滿意的收入、更可靠的社會保障、更高水準的醫療衛生服務、更舒適的居住條件、更優美的環境、更豐富的精神文化生活。這些需要呈現多樣化多層次多方面的

特點。

關於「不平衡不充分的發展」，主要是指我國社會生產力水準總體上顯著提高，已經不是「落後的社會生產」那樣一種局面了。但面對新的社會需要，我們的供給還有許多差距，發展不平衡不充分的問題在新時代凸顯出來，成為滿足人民日益增長的美好生活需要的主要制約因素。所謂發展不平衡，有區域發展不平衡，比如東部和西部發展不平衡；有城鄉發展不平衡；有供需結構不平衡，比如既存在落後產能過剩的情況，又存在有效供給不足的問題；也有群體發展不平衡，比如收入分配差距依然較大。所謂發展不充分，主要指創新能力不夠強，發展的能力和水準、品質和效益還需要提高，轉變發展方式還處於攻堅階段，等等。這就要求努力實現更高品質、更有效率、更加公平、更可持續的發展。

我國社會主要矛盾的變化是關係全域的歷史性變化，對黨和國家工作提出了許多新要求，成為我國制定各方面政策的重要依據。但是這個變化還不足以改變我國仍處於並將長期處於社會主義初級階段這個最大的國情，不足以改變我國仍是世界最大發展中國家這個最大的實際。因此，應把對最大國情的清醒認識和對社會主要矛盾的科學分析有機統一起來，這樣才能在與時代同行中既不割斷歷史、又不迷失方向，既不落後於時代、又不超越階段。

進入新時代要朝全面建設社會主義現代化國家的新目標前進

作出中國特色社會主義進入新時代的重大政治論斷，是和確立分兩步走全面建設社會主義現代化國家的新目標緊密聯繫在一起的。

　　制定、調整和實現發展戰略目標，是我們黨領導人民建設社會主義一以貫之的領導方法，也是體現我國發展時代性的重要標誌。毛澤東同志在 1962 年就明確提出，如果從新中國成立算起，「要建設起強大的社會主義經濟，我估計要花一百多年。」1987 年，鄧小平同志考慮我國發展目標的時候，正式提出「三步走」戰略目標。在解決人民溫飽問題、人民生活總體上達到小康水準這兩個目標已提前實現的情況下，我們黨又把建黨一百年和新中國成立一百年作為發展戰略目標的兩個時間節點。黨的十八大明確第一個百年奮鬥目標是「全面建成小康社會」，第二個百年奮鬥目標是「建成富強民主文明和諧的社會主義現代化國家」。

　　從黨的十九大到黨的二十大，是「兩個一百年」奮鬥目標的歷史交匯期。從現在算起，再有 3 年便可全面建成小康社會，實現第一個百年奮鬥目標。由此便出現一個新問題：怎樣規劃實現黨的第二個百年奮鬥目標？對此，習近平同志在黨的十九大報告中創造性地提出分兩步走全面建設社會主義現代化國家。第一步，從 2020 年到 2035 年，奮鬥 15 年，基本實現社會主義現代化。第二步，從 2035 年到本世紀中葉，再奮鬥 15 年，把我國建成富強民主文明和諧美麗的社會主義現代化強國。

　　這個戰略安排提升了黨的第二個百年奮鬥目標的內涵。一是把原來確立的基本實現社會主義現代化的目標提前到 2035 年完成。這是因為中國的發展超乎預期，中國特色社會主義道路迸發出來的巨大創造力已經並將繼續深刻而快速地改變中國的面貌，我們有把握到 2035 年基本實現現代化。二是基本實現現代化的目標能夠提前完成，第二個百年奮鬥目標自然也要升級。於是，黨的十九大報告把第二個百年奮

鬥目標表述為「把我國建成富強民主文明和諧美麗的社會主義現代化強國」。與黨的十八大報告相比，這個目標增加了「美麗」的要求和「強國」的表述，意味著我們的新目標不是建成一般意義上的社會主義現代化國家，而是如黨的十九大報告提出的，到那時，「我國物質文明、政治文明、精神文明、社會文明、生態文明將全面提升，實現國家治理體系和治理能力現代化，成為綜合國力和國際影響力領先的國家，全體人民共同富裕基本實現，我國人民將享有更加幸福安康的生活，中華民族將以更加昂揚的姿態屹立於世界民族之林」。

《人民日報》（2017 年 11 月 08 日　07 版）

沿著中國特色社會主義道路實現偉大夢想

吳德剛

道路決定命運。道路問題是關係黨的興衰成敗第一位的問題，道路就是黨的生命。道路選擇對國家發展、民族振興和執政黨自身建設都至關重要。習近平同志在黨的十九大報告中指出，全黨要更加自覺地增強道路自信、理論自信、制度自信、文化自信，既不走封閉僵化的老路，也不走改旗易幟的邪路，保持政治定力，堅持實幹興邦，始終堅持和發展中國特色社會主義。他再次強調：站立在九百六十多萬平方公里的廣袤土地上，吸吮著五千多年中華民族漫長奮鬥積累的文化養分，擁有十三億多中國人民聚合的磅 之力，我們走中國特色社會主義道路，具有無比廣闊的時代舞臺，具有無比深厚的歷史底蘊，具有無比強大的前進定力。中國特色社會主義道路是歷史的選擇、人民的選擇。我們的道路自信源於馬克思主義的科學理論，源於中國共產黨領導中國人民近一個世紀的不懈奮鬥，源於革命、建設、改革的輝煌成就，源於對人類社會發展趨勢的深刻把握。把新時代中國特色社會主義推向前進，必須堅定不移走中國特色社會主義道路。

歷史的必然選擇

中華民族的興衰起落，足以見證正確道路的磅 偉力。中國具有五千多年悠久歷史，曾經是長期走在世界前列的文明大國，但在近代

淪為備受欺凌的半殖民地半封建社會。究其原因，主要是清政府政治
腐敗，沒有順應時代發展變化、跟上時代發展步伐，選擇一條民族發
展的正確道路。近代以來，各種政治力量為了中華民族的復興雖然也
進行過各種努力和探索，既有勵精圖治、變革自強，也有武裝起義、
流血犧牲，但最終都失敗了，都未能挽救民族危亡、改變中國命運。
客觀分析其原因，不是在歷史轉折關頭沒有進行探索和奮爭，而是沒
能找到一條可以實現民族復興的正確道路。

　　1917 年，俄國十月革命一聲炮響，給中國送來了馬克思列寧主義。
以毛澤東同志為主要代表的中國共產黨人，堅定選擇以馬克思列寧主
義科學理論為指導，團結帶領中國人民找到了一條以農村包圍城市、
武裝奪取政權的正確革命道路，經過 28 年浴血奮戰，取得了新民主主
義革命勝利。也正是因為選擇了這一正確道路，我們黨才由小到大、
由弱到強，從勝利走向勝利，最終打敗外來侵略者，推翻國內反動統
治，徹底結束了舊中國落後挨打的恥辱歷史，實現了中國從幾千年封
建專制政治向人民民主的偉大飛躍。新中國成立後，黨團結帶領人民
完成社會主義革命，確立社會主義基本制度，推進社會主義建設，完
成了中華民族有史以來最為廣泛而深刻的社會變革，為當代中國一切
發展進步奠定了根本政治前提和制度基礎，實現了中華民族由近代不
斷衰落到根本扭轉命運、持續走向繁榮富強的偉大飛躍。黨的十一屆
三中全會以來，我們黨又團結帶領人民進行改革開放新的偉大革命，
堅持走自己的路，破除阻礙國家和民族發展的一切思想和體制障礙，
開闢了中國特色社會主義道路，使中國大踏步趕上時代。近 40 年來，
中國取得舉世矚目的發展成就，一個約占全世界人口 1/5 的大國，經
濟連續近 40 年快速增長。目前，中國經濟總量已穩居世界第二，對世

界經濟增長貢獻率超過 30%，貧困人口大幅度減少，政治和社會保持長期穩定。所有這一切都告訴世人，中國特色社會主義道路是歷史的必然選擇，具有無比強大的生命力。

人民的必然選擇

道路選擇是艱辛探索的過程，中國特色社會主義道路是我們黨和人民歷經千辛萬苦、付出巨大代價乃至無數生命換來的。歷史從不辜負正確道路的選擇者、開拓者、捍衛者。歷史和人民選擇了中國共產黨及其領導的社會主義事業，中國共產黨始終秉持為人民服務的根本宗旨，以不斷創造彪炳史冊的輝煌業績回報歷史和人民，也因此深深贏得民心。

習近平同志指出：中國共產黨人的初心和使命，就是為中國人民謀幸福，為中華民族謀復興。這個初心和使命是激勵中國共產黨人不斷前進的根本動力。近百年來，是中國共產黨一次次深刻改變了近代以後中華民族發展的方向和進程，改變了中國人民和中華民族的前途命運，創造了中華民族發展史上前所未有的輝煌業績。我們黨開闢中國特色社會主義道路，目的就是為中國人民謀幸福、為中華民族謀復興。改革開放以來，我們黨立足基本國情，以經濟建設為中心，統籌推進經濟建設、政治建設、文化建設、社會建設、生態文明建設，堅持四項基本原則，堅持改革開放，不斷解放和發展社會生產力，逐步實現全體人民共同富裕，促進人的全面發展，人民的獲得感、幸福感不斷提升，中國特色社會主義道路得到人民的高度認同。人民的參與、人民的高度認可和衷心擁護，是中國特色社會主義道路自信最深厚最

寶貴最強大的力量所在。中國特色社會主義進入新時代後，我們黨仍將牢牢堅持黨的基本路線這個黨和國家的生命線、人民的幸福線，領導和團結全國各族人民，以經濟建設為中心，堅持四項基本原則，堅持改革開放，自力更生，艱苦創業，為把我國建設成為富強民主文明和諧美麗的社會主義現代化強國而奮鬥。

奪取新時代中國特色社會主義偉大勝利的必然選擇

　　中國特色社會主義道路是在改革開放的偉大實踐中走出來的，是在中華人民共和國成立以來的持續探索中走出來的，是在對近代以來中華民族發展歷程的深刻總結中走出來的，是在對中華民族五千多年悠久文明的傳承中走出來的，具有深厚的歷史淵源和廣泛的現實基礎。這條道路來之不易，需要倍加珍惜。歷史和現實都證明，選擇道路難，堅持和發展道路更難。選擇正確道路後，還要保證道路不偏離、不變形、不走樣。今天，我國發展正處於新的歷史方位，中國特色社會主義進入了新時代。奪取新時代中國特色社會主義偉大勝利，必須堅定不移走中國特色社會主義道路。

　　黨的十八大以來，習近平同志高度重視中國特色社會主義道路自信問題。他強調：「實現中國夢必須走中國道路。這就是中國特色社會主義道路。」「中國共產黨領導中國人民開闢的中國特色社會主義道路是正確的，必須長期堅持、永不動搖。」「堅持獨立自主，就要堅定不移走中國特色社會主義道路，既不走封閉僵化的老路，也不走改旗易幟的邪路。」進入新時代，中國共產黨人的歷史使命光榮而艱巨，我們黨執政面臨的考驗和挑戰依然複雜嚴峻。在把新時代中國特

色社會主義推向前進的過程中，難免會出現一些企圖動搖我們道路自信的錯誤思想和言論，妄圖使我們走老路或者邪路。我們必須深刻認識到，老路的根本特徵就是封閉僵化，走老路必然排斥新路，排斥改革開放。邪路的根本特徵是違背初心、偏離方向，忘記為什麼而出發，其結果必然走上改變社會主義性質、社會主義方向的錯路。走老路、走邪路的代價是慘重的，甚至會亡黨亡國。我們必須深刻認識到，在新時代要有效應對重大挑戰、抵禦重大風險、克服重大阻力、解決重大矛盾，進行具有許多新的歷史特點的偉大鬥爭，必須堅定不移走中國特色社會主義道路，除此之外沒有別的道路可以選擇。黨的十九大的主題是：不忘初心，牢記使命，高舉中國特色社會主義偉大旗幟，決勝全面建成小康社會，奪取新時代中國特色社會主義偉大勝利，為實現中華民族偉大復興的中國夢不懈奮鬥。這是對堅定不移走中國特色社會主義道路的鄭重宣示。

分兩步走全面建設社會主義現代化國家、實現中國夢的必然選擇

習近平同志指出，中國特色社會主義進入新時代，意味著近代以來久經磨難的中華民族迎來了從站起來、富起來到強起來的偉大飛躍，迎來了實現中華民族偉大復興的光明前景。實現中華民族偉大復興的中國夢，必須堅定不移走中國特色社會主義道路。

歷史經驗表明，堅持和拓展正確道路，一個國家和民族就會昌盛興旺；放棄和背離正確道路，一個國家和民族就會凋敝衰敗。蘇聯曾因選擇社會主義道路，國力強大、人民團結、興盛一時。然而，就是

這樣一個強大的國家，由於未能根據國情、民情、世情與時俱進發展和完善社會主義道路，在複雜的鬥爭中最終沒有能夠堅守住自己的道路，偌大的一個國家因改旗易幟、放棄賴以生存發展的社會主義道路而轟然崩塌。歷史是最好的教科書，讓我們變得成熟智慧；歷史是最好的營養劑、清醒劑，讓我們警醒堅定。今天，我們正迎來實現中華民族偉大復興的光明前景。從現在到 2020 年，是全面建成小康社會決勝期。全面建成小康社會、實現第一個百年奮鬥目標後，我們將進入全面建設社會主義現代化國家新征程，向第二個百年奮鬥目標進軍。習近平同志在黨的十九大報告中指出，綜合分析國際國內形勢和我國發展條件，從 2020 年到本世紀中葉可以分兩個階段來安排。第一個階段，從 2020 年到 2035 年，在全面建成小康社會的基礎上，再奮鬥 15 年，基本實現社會主義現代化；第二個階段，從 2035 年到本世紀中葉，在基本實現現代化的基礎上，再奮鬥 15 年，把我國建成富強民主文明和諧美麗的社會主義現代化強國。到那時，中華民族將以更加昂揚的姿態屹立於世界民族之林。今天，我們比歷史上任何時期都更接近、更有信心和能力實現中華民族偉大復興的目標，而中國特色社會主義道路就是通向中華民族偉大復興的必由之路。我們完全有理由堅信，在中國共產黨堅強領導下，在馬克思主義科學理論真理光芒照耀下，中國特色社會主義道路必將不斷拓展和完善，我們黨必將克服一切艱難險阻，解決前進中遇到的任何問題，實現中華民族偉大復興的中國夢。

《人民日報》（2017 年 10 月 24 日　14 版）

深入理解我國社會主要矛盾轉化的重大意義

李君如

　　在黨的歷史上，十九大具有劃時代的重大意義。習近平同志在大會上作出「中國特色社會主義進入新時代，我國社會主要矛盾已經轉化為人民日益增長的美好生活需要和不平衡不充分的發展之間的矛盾」的重大政治論斷。這一重大政治論斷具有十分重大的意義，必須聯繫歷史、現實和未來發展才能深入理解和把握。

社會主要矛盾轉化集中反映出我國社會發展新的階段性特徵

　　黨的思想路線是一切從實際出發，理論聯繫實際，實事求是，在實踐中檢驗真理和發展真理。對於中國共產黨人來講，堅持從實際出發需要把握三個要點：一是客觀真實性。就是要能夠深入實踐、深入群眾，客觀地反映社會現實，包括人民群眾的真實需求。二是事物全面性。實際有大有小，有全域有局部，有現象有本質。堅持和發展中國特色社會主義，要全面認識我國的基本國情，尤為重要的是認清我國社會的主要矛盾。三是發展變動性。事物總是發展變化的，舊的矛盾解決後又會產生新的矛盾，新的矛盾仍在不斷變化。因此，認識和把握我國基本國情必須密切關注和認識社會發展的階段性特徵，深入分析和認識社會主要矛盾階段性轉化的特點。

　　黨的十八大以來，以習近平同志為核心的黨中央強調，要正確認

識和把握我國社會發展的階段性特徵。習近平同志指出，認識和把握我國社會發展的階段性特徵，要堅持辯證唯物主義和歷史唯物主義的方法論，從歷史和現實、理論和實踐、國內和國際等的結合上進行思考，從我國社會發展的歷史方位上來思考，從黨和國家事業發展大局出發進行思考，得出正確結論。

可以看到，今天我國社會發展確實呈現出許多新的階段性特徵。一方面，我國經濟依然保持中高速增長。我國綜合國力與人民群眾生活水準均有較大提升，經濟總量穩居世界第二。黨的十八大以來的5年，我國國內生產總值從54萬億元增長到80萬億元，對世界經濟增長貢獻率超過30%。對外貿易、對外投資、外匯儲備居世界前列。另一方面，我國人均國內生產總值仍處在中等收入階段，還有4300多萬農村貧困人口，城鄉之間、地區之間發展差距仍然較大，發展品質和效益還不高，實體經濟還不夠強，生態環境保護任重道遠，民生領域還有不少短板，發展不平衡不充分的一些突出問題尚未解決。

我國經濟社會發展中出現的這些階段性特徵，反映在主要矛盾上就是：一方面，人民群眾在解決溫飽問題和進入小康社會以後，不僅對物質文化生活提出了更高要求，而且在民主、法治、公平、正義、安全、環境等方面的要求日益增長；另一方面，我國社會生產力和生產方式通過改革發展取得了明顯進步，但發展不平衡不充分的問題凸顯出來，成為滿足人民日益增長的美好生活需要的主要制約因素。「中國特色社會主義進入新時代，我國社會主要矛盾已經轉化為人民日益增長的美好生活需要和不平衡不充分的發展之間的矛盾」的重大政治論斷，是我們黨對當今中國社會發展階段性特徵的科學判斷，是黨的十九大的一個重大理論創新成果。

社會主要矛盾轉化是制定黨和國家大政方針、長遠戰略的重要依據

　　對於社會主要矛盾的判斷，是制定黨和國家大政方針、長遠戰略的重要依據。長期以來，我們黨就是通過紛繁複雜的社會現象揭示社會主要矛盾、分析和把握社會發展的階段性特徵，從而科學制定黨在各個時期的綱領和路線的。

　　改革開放之初，鄧小平同志根據 1956 年黨的八大對我國社會主要矛盾的判斷，指出：「我們的生產力發展水準很低，遠遠不能滿足人民和國家的需要，這就是我們目前時期的主要矛盾，解決這個主要矛盾就是我們的中心任務。」後來我們黨經過深入研究，將這個重大的理論表述提煉為：「在社會主義改造基本完成以後，我國所要解決的主要矛盾，是人民日益增長的物質文化需要同落後的社會生產之間的矛盾。」

　　黨的十九大報告提出「我國社會主要矛盾已經轉化為人民日益增長的美好生活需要和不平衡不充分的發展之間的矛盾」，意義非常重大。這不僅是因為社會主要矛盾的變化是關係全域的歷史性變化，而且因為社會主要矛盾的變化意味著中國特色社會主義展現出新的階段性特徵。只有牢牢把握我國發展的階段性特徵，牢牢把握人民群眾對美好生活的新嚮往，才能針對社會主要矛盾的新變化提出新的思路、新的戰略、新的舉措，繼續統籌推進「五位一體」總體佈局、協調推進「四個全面」戰略佈局，決勝全面建成小康社會，奪取中國特色社會主義偉大勝利，為實現中華民族偉大復興的中國夢不懈奮鬥。在今天，學習貫徹黨的十九大報告關於社會主要矛盾的重大政治論斷，就

要認識到它集中反映了我國社會發展的新的階段性特徵，對黨和國家工作提出了許多新要求，因此要深入貫徹新發展理念，著力解決好發展不平衡不充分問題，更好滿足人民多方面日益增長的需要，更好推動人的全面發展、社會全面進步。

我國社會主要矛盾的變化沒有改變我們對我國社會主義所處歷史階段的判斷

黨的十九大報告在論述社會主要矛盾轉化的同時，強調「我國社會主要矛盾的變化，沒有改變我們對我國社會主義所處歷史階段的判斷，我國仍處於並將長期處於社會主義初級階段的基本國情沒有變，我國是世界最大發展中國家的國際地位沒有變」。我們在學習領會社會主要矛盾轉化的重大政治論斷時，必須把社會主要矛盾轉化的問題同社會主義初級階段沒有變的問題統一起來思考和研究，把「變」和「不變」這兩個論斷統一起來理解和把握。

所謂「不變」，就是我國仍處於並將長期處於社會主義初級階段的基本國情沒有變，我國是世界最大發展中國家的國際地位沒有變。這是因為我國實現社會主義現代化的任務還沒有完成。改革開放以來，我們在認識到社會主義初級階段是我國的基本國情時，強調社會主義初級階段的內涵是不發達的社會主義。之所以是不發達的社會主義，是因為我國的社會主義脫胎於半殖民地半封建社會，還沒有完成工業化和現代化的任務，必須在社會主義條件下實現許多別的國家在資本主義條件下完成的工業化和現代化。只要這個任務沒有完成，社會主義初級階段就沒有結束，我國是世界最大發展中國家的國際地位就不

會改變。

　　所謂「變」，是因為社會主義初級階段具有不斷變化的特點。或者說，社會主義初級階段也是分階段的。社會主義制度建立之初「一窮二白」的時候是初級階段，在社會主義建設中建立了獨立的工業體系和國民經濟體系後是初級階段，解決了溫飽問題後「奔小康」是初級階段，全面建成小康社會後還是初級階段。進入 21 世紀後，我國經濟實力顯著增強。於是，中國是不是仍然處在社會主義初級階段、社會主要矛盾是不是已經發生了變化等重大理論問題擺到我們面前。黨的十七大在肯定「基本國情沒有變」「社會主要矛盾沒有變」的同時，提出「進入新世紀新階段，我國發展呈現一系列新的階段性特徵」。隨著我國發展新的階段性特徵日益明顯，黨的十九大深入分析今天我國社會發展階段性特徵，作出我國社會主要矛盾已經轉化為人民日益增長的美好生活需要和不平衡不充分的發展之間的矛盾的重大政治論斷，反映了我國社會發展的客觀實際，有利於更好解決我國發展中出現的各種問題，有利於更好實現各項事業全面發展，有利於更好發展中國特色社會主義事業。

　　黨的十九大報告指出，世界每時每刻都在發生變化，中國也每時每刻都在發生變化，我們必須在理論上跟上時代，不斷認識規律，不斷推進理論創新、實踐創新、制度創新、文化創新以及其他各方面創新。認清我國社會主要矛盾，事關對基本國情的正確認識和把握，事關科學制定黨和國家大政方針、長遠戰略，事關中國特色社會主義的長遠發展。關於我國社會主要矛盾轉化的重大政治論斷，是習近平新時代中國特色社會主義思想的重要組成部分。我們要在習近平新時代中國特色社會主義思想指引下，深入理解社會主義初級階段社會主要

矛盾的新變化，牢牢把握社會主義初級階段這個基本國情，牢牢立足社會主義初級階段這個最大實際，牢牢堅持黨的基本路線這個黨和國家的生命線、人民的幸福線，領導和團結帶領全國各族人民，以經濟建設為中心，堅持四項基本原則，堅持改革開放，自力更生，艱苦創業，為把我國建設成為富強民主文明和諧美麗的社會主義現代化強國而奮鬥。

《人民日報》（2017 年 11 月 16 日　07 版）

中國的發展成就體現了中國特色社會主義經濟制度的優越性

建設現代化經濟體系

寧吉喆

習近平同志所作的黨的十九大報告站在新的歷史起點上，高瞻遠矚，審時度勢，對建設現代化經濟體系作出全面部署。我們要深刻認識建設現代化經濟體系的重要意義、科學內涵和主要任務，扎實推進經濟建設，為確保實現「兩個一百年」奮鬥目標和中華民族偉大復興中國夢奠定堅實基礎。

充分認識建設現代化經濟體系的重要意義

建設現代化經濟體系是開啟全面建設社會主義現代化國家新征程的重大任務。上個世紀 80 年代，黨中央提出我國社會主義現代化建設分三步走的戰略目標。黨的十八大強調實現「兩個一百年」奮鬥目標。

黨的十九大把握中國特色社會主義新時代發展大勢，提出決勝全面建成小康社會、開啟全面建設社會主義現代化國家新征程的戰略目標：到 2020 年，全面建成小康社會；到 2035 年，基本實現社會主義現代化；到本世紀中葉，把我國建成富強民主文明和諧美麗的社會主義現代化強國。實現宏偉願景，必須牢牢扭住經濟建設這個中心，堅定不移把發展作為黨執政興國的第一要務，加快形成先進的生產力，構建雄厚的經濟基礎；加快建設現代化經濟體系，推動新型工業化、信息化、城鎮化、農業現代化同步發展，顯著提高發展品質，不斷壯大我國經濟實力和綜合國力。

　　建設現代化經濟體系是緊扣我國社會主要矛盾轉化推進經濟建設的客觀要求。長期以來，我國社會主要矛盾是人民日益增長的物質文化需要同落後的社會生產之間的矛盾。改革開放極大地解放和發展了我國社會生產力。2017 年國內生產總值預計將超過 80 萬億元，穩居世界第二；工農業生產、基礎設施、科技創新、市場建設也都取得長足進步，社會生產總體上已不再落後。同時，人民對美好生活的需要日益增長。但是，發展中不平衡不協調不可持續問題十分突出，我國人均國內生產總值和人均國民總收入仍低於世界平均水準。當前，我國社會主要矛盾已經轉化為人民日益增長的美好生活需要和不平衡不充分的發展之間的矛盾。必須堅持創新、協調、綠色、開放、共用的發展理念，統籌推進「五位一體」總體佈局，協調推進「四個全面」戰略佈局，推動城鄉、區域、經濟社會協調發展，處理好經濟發展和環境保護的關係，實現國內發展和對外開放良性互動。這正是持續推進現代化經濟體系建設的題中應有之義。

　　建設現代化經濟體系是適應我國經濟已由高速增長階段轉向高品

質發展階段的必然要求。從國內看，我國經濟發展進入新常態，呈現
增速轉軌、結構轉型、動能轉換的特點。同時，長期積累的結構性矛
盾仍然突出。我國改革已進入深水區、攻堅期，全面建成小康社會進
入決勝期，國民經濟正處在轉變發展方式、優化經濟結構、轉換增長
動力的攻關期。只有實現高品質發展，才能推動經濟建設再上新臺階。
從國際看，國際金融危機深層次影響還在持續，世界經濟復甦進程仍
然曲折，保護主義、單邊主義、民粹主義以及逆全球化思潮抬頭。只
有實現我國經濟高品質發展，才能在激烈的國際競爭中贏得主動。建
設現代化經濟體系，是我國發展的戰略目標，更是我們跨越關口的迫
切要求。必須堅定不移推進供給側結構性改革，實現供需動態平衡，
大力推動科技創新和體制創新，爬坡過坎，攻堅克難，努力實現更高
品質、更有效率、更加公平、更可持續的發展。

深刻領會建設現代化經濟體系的科學內涵

　　堅持品質第一、效益優先，以供給側結構性改革為主線。高品質
發展是強國之基、立業之本和轉型之要，提高效率效益是發展的永恆
主題。黨的十八大以來，我國企業生產經營和整體經濟增長的品質效
益不斷提高。目前，產品品質國家監督抽查合格率超過 90%，重點工
程品質優良率達到 100%，規模以上工業企業主營業務收入利潤率在
6% 以上。但發展品質和效益不高的問題仍相當突出。要進一步把提質
增效放到經濟工作的首要位置，融入經濟發展各領域和全過程，推動
經濟發展品質變革、效率變革、動力變革，提高勞動生產率、資本產
出率、全要素生產率。

　　著力加快建設協同發展的產業體系。實體經濟是我國經濟的主體，科技是第一生產力，創新是引領發展的第一動力，現代金融是現代經濟的血脈，人力資源是世界上最寶貴的資源。把科技、勞動力與人才、資本等生產要素組合起來，協同投入實體經濟，必將有力促進企業技術進步、行業供求銜接和產業優化發展。關鍵是把各種要素調動好、配置好、協同好，充分發揮科技創新成果轉化為現實生產力的作用，發揮資本、資產、資金支援產業發展的作用，發揮各類勞動者和人才投身於創業創新的作用，協同促進實體經濟和產業體系優質高效發展。

　　著力構建市場機制有效、微觀主體有活力、宏觀調控有度的經濟體制。經過 30 多年努力，我國社會主義市場經濟體制不斷完善。近年來，「放管服」改革向縱深推進，有力激發和釋放了市場活力。目前，我國市場主體已達 9000 多萬戶，其中企業約 3000 萬戶，再加上約 2 億家庭經營的農戶和城市非工商戶創業者，形成了經濟發展的重要微觀基礎。同時，宏觀調控方式不斷創新，實施正確的宏觀經濟政策，採取區間調控、定向調控、相機調控、精準調控等措施，經濟運行保持在合理區間。建設現代化經濟體系，要堅持社會主義市場經濟改革方向，使市場在資源配置中起決定性作用，更好發揮政府作用，堅持簡政放權、放管結合、優化服務，完善基本經濟制度、現代市場體系和宏觀調控體系，充分調動各類市場主體自主決策、自主經營的積極性主動性創造性；促進各級政府履行好經濟調節、市場監管、公共服務、社會管理的應盡職責，從體制機制上保障我國經濟創新力和競爭力不斷增強。

進一步明確建設現代化經濟體系的主要任務

深化供給側結構性改革。這是建設現代化經濟體系的戰略措施。隨著我國社會主要矛盾轉化和經濟由高速增長階段轉向高品質發展階段，制約經濟持續健康發展的因素既有供給問題也有需求問題，既有結構問題也有總量問題，但供給側和結構性問題是矛盾的主要方面。供給結構失衡，不能適應需求結構的變化；供給品質不高，不能滿足人民美好生活和經濟轉型升級的需求；金融、人才等資源配置存在「脫實向虛」現象，影響了發展基礎的鞏固。必須把發展經濟的著力點放在實體經濟上，把提高供給體系品質作為主攻方向，顯著增強我國經濟品質優勢。一是推動產業優化升級，加快發展先進製造業、現代服務業，加強基礎設施網絡建設，促進我國產業邁向全球價值鏈中高端。二是加快形成新動能，鼓勵更多社會主體投身創新創業，在中高端消費、創新引領、綠色低碳、共用經濟、現代供應鏈、人力資本服務等領域培育更多新增長點。三是改造提升傳統動能，推動互聯網、大數據、人工智慧和實體經濟深度融合，支援傳統產業優化升級。四是堅持去產能、去庫存、去杠杆、降成本、補短板，優化存量資源配置，擴大優質增量供給，實現供需動態平衡。

加快建設創新型國家。這是建設現代化經濟體系的戰略支撐。經過長期努力，我國科技發展成就顯著，一些重大科技成果進入世界先進行列。但是，我國科技創新能力與經濟實力還不相稱，與經濟建設主戰場和人民美好生活的需求還不適應。必須堅定不移貫徹創新發展理念，深入實施科教興國戰略、人才強國戰略、創新驅動發展戰略，努力實現到 2035 年躋身創新型國家前列的目標。一是加強國家創新體

系建設，強化基礎研究、應用基礎研究和戰略科技力量，實現重大突破和顛覆性創新。二是建立以企業為主體、市場為導向、產學研深度融合的技術創新體系，促進科技成果轉化。三是宣導創新文化，支持大眾創業、萬眾創新，強化智慧財產權保護。四是實行更加積極、更加開放、更加有效的人才政策，培養和造就一大批具有國際水準的人才和高水準創新團隊。

實施鄉村振興戰略。這是建設現代化經濟體系的重要基礎。進入新世紀以來，我國農業已連續十幾年獲得豐收，糧食產量連續4年超過1.2萬億斤，農民收入增速連續7年快於城鎮居民收入增速，農業的主要矛盾已由總量不足轉變為結構性失衡，矛盾的主要方面在供給側。必須始終把解決「三農」問題作為全黨工作重中之重，建立健全城鄉融合發展體制機制和政策體系，加快推進農業農村現代化，深化農業供給側結構性改革。一是確保國家糧食安全，把中國人的飯碗牢牢端在自己手中。二是構建現代農業產業體系，發展多種形式規模經營，實現小農戶和現代農業發展有機銜接。三是促進農村一二三產業融合發展，拓寬農民就業創業和增收渠道。四是鞏固和完善農村基本經營制度，深化農村土地制度改革，深化農村集體產權制度改革。五是加強農村基層基礎工作，健全鄉村治理體系，建設社會主義新農村。

實施區域協調發展戰略。這是建設現代化經濟體系的內在要求。我國幅員遼闊，各地發展很不平衡。必須堅持協調發展理念，優化區域發展格局，推進新型城鎮化，逐步縮小差距。一是協調推動西部大開發、東北振興、中部崛起、東部率先發展。二是協調推動「一帶一路」相關地區開放開發、京津冀協同發展、長江經濟帶保護發展、粵港澳大灣區建設。三是支援老少邊窮地區加快發展，支援資源型地區經濟

轉型發展,加快邊疆發展,加快建設海洋強國。四是以城市群為主體構建大中小城市和小城鎮協調發展的城鎮格局,提高城市承載能力,加快農業轉移人口市民化。

　　加快完善社會主義市場經濟體制。這是建設現代化經濟體系的制度保障。推動經濟轉型升級,要害在創新,關鍵靠改革。必須以完善產權制度和要素市場化配置為重點深化經濟體制改革,堅決破除制約發展活力和動力的體制機制障礙。一是堅持和完善我國社會主義基本經濟制度和分配制度,毫不動搖鞏固和發展公有制經濟,毫不動搖鼓勵支持引導非公有制經濟發展,完善國有資產管理體制,深化國有企業改革,支援民營企業發展。二是深化商事制度改革,全面實施市場准入負面清單制度,加快要素價格市場化改革,完善市場監管體制。三是創新和完善宏觀調控,發揮國家發展規劃戰略性導向作用,健全財政、貨幣、產業、區域、消費、投資等經濟政策協調機制,加快建立現代財政制度,深化金融體制改革。

　　推動形成全面開放新格局。這是建設現代化經濟體系的必要條件。必須統籌國內國際兩個大局,貫徹開放發展理念,堅持對外開放的基本國策,發展更高層次的開放型經濟。一是以「一帶一路」建設為重點,堅持引進來和走出去並重,形成陸海內外聯動、東西雙向互濟的開放格局。二是拓展對外貿易,培育外貿新業態新模式,優化進出口結構。三是全面實行准入前國民待遇加負面清單管理制度,大幅度放寬市場准入,擴大服務業對外開放,優化區域開放佈局。四是創新對外投資方式,促進國際產能合作,形成面向全球的貿易、投資、生產、服務網絡。

《人民日報》(2017 年 12 月 05 日　07 版)

中國經濟：中高速增長與中高端發展

劉迎秋

2014 年 7 月 8 日，習近平同志在主持召開經濟形勢專家座談會時強調：準確把握改革發展穩定的平衡點，準確把握近期目標和長期發展的平衡點，準確把握改革發展的著力點，準確把握經濟社會發展和改善人民生活的結合點，在轉方式、調結構、保民生、推動可持續發展方面不斷取得實實在在的成效。在我國經濟增長速度換擋期、結構調整關鍵期、經濟發展轉型期，我們只有認真貫徹落實中央決策部署，準確把握近期目標和長期發展的平衡點，不斷推進經濟提質增效升級，推動發展向中高端水準邁進，才能保持經濟中高速增長，確保實現全年經濟社會發展目標任務，為全面建成小康社會打下堅實基礎。

保持中高速增長

中高速增長是一個相對於高速增長而言的概念。我國經濟高速增長出現在改革開放之後的 1979 年至 2011 年。長達 32 年年均 9.87% 的經濟增長率，無論與世界其他國家相比，還是與我國改革開放前相比，都是獨一無二的。然而，隨著國際經濟環境變化和國內資源供給約束趨緊、經濟總量基數增大，我國經濟繼續保持高速增長已不可能。在這種情況下，採取有效措施，努力實現中高速增長，使經濟增長速度保持在 7.5% 左右，就成了當前我國經濟發展的一個必要選擇。

　　保持中高速增長的有利條件和不利因素。在我國現階段，既有支撐經濟保持中高速增長的有利條件，又有致使經濟進一步下行的較大壓力。比如，經濟運行中仍然存在制約公平競爭和創新創業的體制機制障礙，但改革的全面深入推進正在釋放越來越多的紅利。又如，我國傳統人口紅利大幅度下降並接近消失，但新人口紅利正在大量形成。雖然我國勞動力結構性短缺還會進一步顯現，但總體上看，勞動力供給仍然相對充裕，勞動生產效率仍然較高，特別是每年 700 萬左右的大學畢業生和數以千萬計的高中專畢業生走上工作崗位，可以形成新的勞動力市場競爭形態和人口紅利，並成為支撐我國經濟中高速增長的新要素。再如，雖然城鄉差距和區域差距較大對於我國經濟保持中高速增長是一個挑戰，但這同時又提供了重要增長空間。因為低收入者和低收入地區趕上中高收入者和中高收入地區的熱情與行動，仍然是我國經濟實現中高速增長的重要內生動力。還如，城鎮化進程加快，不僅會創造更大和更高層次的市場需求，還會帶來更全面和更深刻的產業結構調整以及更廣泛的社會需求結構升級，從而會成為我國經濟保持中高速增長的重要動力。同時，國際經濟環境變化對我國經濟發展同樣是機遇和挑戰並存。特別是近年來發達經濟體因金融危機和債務危機的困擾而出現經濟增長持續低迷、市場需求疲弱，既給我國經濟增長特別是出口增長帶來了較大壓力，但也給我國企業「走出去」和把更多更好的資源、設備和技術購進來提供了新的機遇。此外，其他因素包括正在孕育的科技和產業新突破、國際經濟貿易格局新變化、市場範圍和競爭格局新發展等，也是我國經濟保持中高速增長的重要支撐。

　　保持中高速增長需要短期政策與中長期舉措相結合。從現實經濟

增長來看，隨著全球經濟持續衰退，隨著我國傳統人口紅利和低成本優勢逐漸消失，隨著我國經濟資源短缺程度逐步加深，隨著我國投資的邊際收益率開始下降，近年來我國經濟增長率已降至 7.5% 左右；反映經濟景氣狀況的生產者出廠價格指數（PPI）和反映市場需求狀況的居民消費價格指數（CPI），也持續在較低水準徘徊；對經濟增長具有重要影響的外貿出口和全社會固定資產投資增長，同樣處於歷史低點。在這種情況下，啟用需求管理，創新和實施區間定向調控等宏觀調控政策措施，以抑制經濟增長速度進一步下滑，是必要的。在短期內，可繼續實施定向降低銀行存款準備金率，進一步鼓勵外向型企業持有更多外匯和進口先進技術設備，進一步強化向中小微企業傾斜的銀行信貸政策，進一步支持和擴大前瞻高效的基礎設施類、技術裝備類和高科技高附加價值類投資，進一步鼓勵和引導城鄉居民健康消費等。從我國經濟已進入增長速度換擋期的實際看，還必須啟用和實施供給管理，特別是要通過推動發展向中高端水準邁進，使我國經濟在中長期保持持續健康的中高速增長。

向中高端水準邁進

推動我國經濟發展向中高端水準邁進，是我國經濟發展所處階段和我國國情所使然。雖然我國經濟總量已位居世界第二，有 200 多種產品產量穩居世界第一，但人均收入水準還比較低，仍然排在全球第八十位以後，我國仍然是一個發展中大國。我國城鄉、區域發展不平衡，發達的城市與落後的農村並存，二元經濟結構及其矛盾仍然十分突出。這就是說，中短期內我國經濟還不可能邁向全球發展水準的最

高端。我們必須老老實實地從現實出發，積極推動我國經濟發展向中高端水準邁進。

全面理解向中高端水準邁進的內涵。推動發展向中高端水準邁進，核心是加快轉變經濟發展方式，重點是優化產業結構、提高增長品質和效率，關鍵是提升產業和產品技術含量，目標是降低資源消耗、減少污染排放、提高國民產出的附加價值，目的是持續改善和大幅提升我國國民福祉。推動發展向中高端水準邁進的過程，既是我國經濟三次產業發展的數量比重及其結構、技術含量及其結構、勞動生產率水準及其結構以及各產業附加價值水準及其結構向中高端水準邁進的過程，也是我國經濟各產業自身發展及其組織方式、組合方式、管理和運營方式向中高端水準邁進的過程，還是我國經濟發展方式從外延型、粗放式、高消耗、高污染、低技術含量、低附加價值向內涵型、集約式、低消耗、低污染、高技術含量、高附加價值邁進的過程。其中，推動經濟發展方式轉變、促進產業結構及其發展形態改善、實現產業技術升級，具有特別重要的意義。現階段，不僅需要大力推動和努力實現生產方式的大轉型大升級、產業組織體制機制的大更新大改進，而且需要大力推動和努力實現產業結構的大調整和產業技術的大升級、混合所有制經濟的大發展大提升。

努力克服向中高端水準邁進的困難。推動我國經濟發展向中高端水準邁進，仍然面臨許多困難。其中最大的困難是，長期以來多數企業和個人已習慣於粗放型外延式發展，面臨思維和行為慣性及體制機制障礙。克服困難和障礙，根本上要靠轉變觀念、深化改革、創新體制機制。比如，改革幹部政績考核及選拔任用機制，打破行政性壟斷，營造鼓勵創新創業的社會氛圍，形成消費主導的經濟運行機制等。只

有堅持向改革要動力、向結構調整要動力、向惠民生要動力，才能保持經濟中高速增長，推動發展向中高端水準邁進。

努力實現中高端水準的中高速增長

理論研究和實踐經驗都表明，保持中高速增長，需要短期需求管理政策的支持和審慎有效的宏觀政策調節，同時需要中長期供給管理和發展政策的配合。這是由短期宏觀經濟運行及其與中長期經濟發展的內在規律所決定的。在我國現階段，保持經濟中高速增長，必須著力推動經濟發展向中高端水準邁進。

向中高端水準邁進是保持中高速增長的根本技術支撐。毫無疑問，通過短期需求管理和審慎政策調節，是有可能在短期內保持經濟中高速增長的。近年來，存在一種低估經濟下滑可能產生的負面影響與後果的思想傾向。應當看到，對經濟增長持續下滑及其後果的任何低估或忽視，都不僅與我國仍然是世界最大發展中國家的客觀實際相脫節，而且與我國仍然處於社會主義初級階段的基本國情相矛盾，更與發展仍然是解決我國所有問題的關鍵這個重大戰略判斷相衝突。當然，如果因此就認為可以不顧宏觀經濟環境和客觀條件的變化，啟用短期大放鬆、大刺激政策，就可以防止經濟持續下滑、保持中高速增長，也是不符合實際和不可取的。科學正確、切實可行的選擇是，在積極搞好短期宏觀調控的同時，著力推動我國發展向中高端水準邁進，尤其是著力推動我國經濟發展方式轉變、經濟結構調整和經濟技術水準提升。這是我國經濟在中長期保持中高速增長的根本技術支撐。

向中高端水準邁進是在更高起點上保持中高速增長的物質基礎。

這主要是因為，制約我國經濟中長期發展的基本因素不僅與短期市場需求有關，更與資源、結構、技術和體制機制等供給因素以及國際經濟環境有關。在這種條件下，要使我國經濟在中長期保持持續健康的中高速增長，就必須在正確實施積極有效、科學審慎宏觀調控的同時，努力破解供給約束和國際經濟環境制約，推動經濟發展向中高端水準邁進，包括開發和運用新材料、新能源、新技術、新方法，以及大力推進「一帶一路」等國際經濟貿易新佈局等。

向中高端水準邁進是保持持續健康的中高速增長的重要保證。隨著我國經濟總量不斷擴大和國內外市場進一步拓展，隨著支撐我國經濟增長的資源約束進一步趨緊，要使我國經濟在中長期保持中高速增長，不僅需要更多更好的物質材料和其他經濟資源的投入，而且需要更多更好的經濟技術資源和創新能力的投入，並由此實現我國經濟發展方式、產品科技含量和生產技術運用等的大幅提升。我國經濟越是向前發展，就越是需要在經濟發展方式和生產技術運用等方面實現改進提升。只有向中高端水準邁進，才能長期保持持續健康的中高速經濟增長。

總之，保持經濟中高速增長與推動發展向中高端水準邁進，是實現經濟持續健康發展同一過程的兩個側面、兩種形態、兩種方式，二者內在聯繫、辯證統一、互為前提、互相促進。要推動經濟發展向中高端水準邁進，就必須通過經濟中高速增長創造有利條件和良好環境；要使經濟在中長期保持持續健康的中高速增長，就必須以推動經濟發展向中高端水準邁進為支撐和動力。

《人民日報》（2014 年 09 月 15 日　07 版）

用黨的最新理論成果指導經濟工作

曹遠勃

在黨的十九大報告中，習近平同志準確把握我國社會主義初級階段不斷變化的特點，作出中國特色社會主義進入了新時代等重大政治論斷，對努力實現更高品質、更有效率、更加公平、更可持續的發展作出一系列重大部署。用習近平新時代中國特色社會主義思想指導經濟工作，是做好新時代經濟工作的頭等大事。

始終堅持以人民為中心的發展思想。中國特色社會主義進入新時代，我國社會主要矛盾已經轉化為人民日益增長的美好生活需要和不平衡不充分的發展之間的矛盾。在經濟工作中堅持以人民為中心的發展思想，就要深刻認識到我國社會主要矛盾變化的歷史性、全域性意義，深刻認識到人民日益增長的美好生活需要的具體表現，堅持在發展中保障和改善民生，在解決我國社會主要矛盾中推動發展。要在繼續推動發展的基礎上，著力解決好發展不平衡不充分問題，大力提升發展品質和效益，更好滿足人民在經濟、政治、文化、社會、生態等方面日益增長的需要，更好推動人的全面發展、社會全面進步。

建設現代化經濟體系。社會主要矛盾是推動經濟持續健康發展的內在動力，建設現代化經濟體系則是解決社會主要矛盾的重要途徑。當前，我國經濟已由高速增長階段轉向高品質發展階段，正處在轉變發展方式、優化經濟結構、轉換增長動力的攻關期，建設現代化經濟體系是跨越關口的迫切要求和我國發展的戰略目標。建設現代化經濟

體系，必須堅定不移貫徹創新、協調、綠色、開放、共用的發展理念，必須堅持品質第一、效益優先，以供給側結構性改革為主線，通過加快建設創新型國家、實施鄉村振興戰略、實施區域協調發展戰略、加快完善社會主義市場經濟體制、推動形成全面開放新格局等舉措，著力建設各方面協同發展的產業體系，構建市場機制有效、微觀主體有活力、宏觀調控有度的經濟體制，不斷增強我國經濟的創新力和競爭力。

深化供給側結構性改革。供給側結構性改革為解決我國經濟發展面臨的突出矛盾和問題開出了良方，是貫徹落實新發展理念的集中體現，也是建設現代化經濟體系的主線。必須把發展經濟的著力點放在實體經濟上，把提高供給體系品質作為主攻方向，顯著增強我國經濟品質優勢。首先，樹立品質第一的強烈意識，提高生產、服務標準，通過去產能、去庫存、去杠杆、降成本、補短板，優化存量資源配置，擴大優質增量供給，實現供需動態平衡。其次，把資源要素最大程度集聚到符合結構調整和產業升級要求的重點領域和關鍵產業，在中高端消費、創新引領、綠色低碳、共用經濟、現代供應鏈、人力資本服務等領域培育新增長點、形成新動能，全面提升實體經濟特別是製造業水準。第三，加強基礎設施網絡建設，更好滿足經濟發展和人民群眾需要。第四，發揮人力資本作用，加快建設人才強國，激發人的積極性主動性創造性。

大力推動綠色發展。我們既要創造更多物質財富和精神財富以滿足人民日益增長的美好生活需要，也要提供更多優質生態產品以滿足人民日益增長的優美生態環境需要。要下大氣力解決人民群眾反映強烈的生態環境突出問題，積極推動綠色發展，算綠色賬、走綠色路、

打綠色牌，尊重自然、順應自然、保護自然，凡是對生態環境有不良
影響的產業和業態都要慎重決策，不能只考慮經濟效益而不顧社會效
益、生態效益。加大生態系統保護力度，嚴守生態功能保障基線、
環境品質安全底線、自然資源利用上線，建設人與自然和諧共生的現
代化。

《人民日報》（2017 年 11 月 10 日　11 版）

深刻把握社會主義條件下經濟與政治的辯證法
張　宇

在發展社會主義市場經濟過程中，如何正確認識和處理經濟與政治的關係，發揮社會主義制度的優勢，是一個重大的理論和現實問題，需要運用馬克思主義理論觀點作出科學的說明。

經濟是政治的基礎，政治是經濟的集中表現，沒有離開政治的經濟，也沒有離開經濟的政治

歷史唯物主義關於經濟基礎決定上層建築、上層建築對經濟基礎具有反作用的原理，揭示了經濟與政治的辯證關係，但在不同社會形態下，二者的關係具有不同特點。

在資本主義之前的奴隸社會和封建社會，生產資料佔有權與政治統治權通常是結合在一起的，剝削階級對勞動者的經濟統治主要是通過超經濟強制實現的。因此，就形成了一種流行觀點，認為是政治權力支配著經濟生活。到了資本主義社會，隨著私有制和市場經濟成為支配經濟生活的普遍原則，市場與國家、經濟與政治出現了明顯的分離。於是，又形成了另外一種流行觀點，認為經濟和政治是兩個彼此獨立、互不相干的領域。

這兩種觀點都割裂了經濟與政治的辯證關係，是不正確的。馬克思主義認為，所謂政治，是指參與國家事務，給國家定方向，確定國

家活動的內容、形式和任務，處理各階級和各社會集團之間的關係；經濟則主要指社會的生產、分配、交換、消費等活動。經濟與政治的基本關係是：經濟是政治的基礎，政治是經濟的集中表現，二者既有區別又存在密切聯繫，沒有離開政治的經濟，也沒有離開經濟的政治。

首先，社會的階級劃分或政治關係形成，是以生產關係特別是生產資料所有制關係為基礎的。人們在生產資料佔有上的分化，導致了階級的出現，國家就是階級統治的工具，「它照例是最強大的、在經濟上占統治地位的階級的國家，這個階級借助於國家而在政治上也成為占統治地位的階級」。從表面上看，資本主義社會的經濟和政治是分離的；但實際上，現代資本主義國家，「不管它的形式如何，本質上都是資本主義的機器，資本家的國家，理想的總資本家」。資本主義社會所謂的民主政治，在很大程度上是資本主導下的政治遊戲，是金錢政治，歸根結底是為資本主義經濟服務的。

其次，經濟制度的建立、發展和有效運轉，必須依靠國家政權。毛澤東同志曾對社會革命的規律作過精闢概括：首先製造輿論，奪取政權，然後解決所有制問題，再大大發展生產力。他還指出，這個一般規律，對無產階級革命和資產階級革命都是適用的，基本上是一致的。因此，無論在哪個社會，國家和政治的作用都是至關重要的，它們的作用如果發揮得好、如果與經濟基礎的要求相一致，就會推動生產力發展；相反，則會給生產力發展帶來巨大損害。

第三，在現代社會，總有一部分國家職能屬於經濟職能，一部分國家行為屬於經濟行為，如財政稅收、貨幣政策、收入調節、社會保障、市場監管、科技創新、環境保護、教育衛生，乃至直接投資基礎設施和建立國有企業等。國家的這些職能和活動既是政治性的，又是

經濟性的。這部分職能和活動越多，經濟和政治重合的部分就越多。從現代市場經濟發展的趨勢看，國家承擔的這部分職能和活動不是越來越少，而是越來越多了。

正是因為經濟與政治之間存在密切關係，所以馬克思主義一貫反對脫離政治的所謂「純經濟分析」。馬克思明確將自己的經濟學稱作無產階級的政治經濟學，而把那些代表資產階級利益的經濟理論稱作資產階級政治經濟學。列寧深刻指出，一個階級如果不從政治上正確地處理問題，就不能維持它的統治，因而也就不能解決它的生產任務。

經濟與政治之間的這種密切聯繫，不僅為馬克思主義所認識，也為一些西方學者所承認。美國著名學者查理斯・林德布洛姆說：「不管是政治學或者是經濟學，從一定程度上講，由於它們各自孤立地研究問題，都已陷入了貧乏枯竭的狀態，結果是兩頭空。」另一位著名學者喬姆斯基更是一針見血地說，新自由主義的理論和政策代表了極端富裕的投資者和不到 1000 家龐大公司的直接利益，只不過是少數富人為限制民眾的權利而鬥爭的現代稱謂而已。

在社會主義制度下，經濟與政治實現了生產資料公有制基礎上的有機統一，為生產力發展開闢了廣闊道路

社會主義制度的建立與發展，同以往一切社會的情況都不同，不是自發的，而是自覺的；不是為了少數人的利益，而是為了大多數人的利益，是在科學社會主義理論的指導下，在馬克思主義政黨的領導下，有計劃、有目的、有步驟地進行的。革命是如此，建設是如此，改革也是如此。由於這個原因，在社會主義條件下，政治對經濟的影響

就比以往一切社會都要大得多、深刻得多。

　　社會主義發展的自覺性是由社會主義生產關係的特點決定的。在以私有制為基礎的社會，存在著尖銳的階級對立和階級鬥爭，因此難以形成共同的社會利益和統一的社會意志，社會發展總體上是自發的、盲目的。與資本主義制度不同，社會主義制度是以生產資料公有制為基礎的，國家是生產資料公有制的人格化代表。這樣，在人類歷史上就出現了一種新的國家形式，即經濟和政治有機統一的社會主義國家。在這裡，國家不僅是社會主義上層建築的核心，作為政權組織處理各階級和階層的關係，通過立法、司法和行政部門維護社會主義經濟制度和正常經濟秩序，從上層建築角度保證和促進生產力發展；而且是經濟基礎的核心，作為生產資料公有制的主體，代表全體人民的共同利益，深入社會經濟生活的內部，行使對生產資料的管理權，以創造更多的物質財富，滿足人民日益增長的物質文化需要。

　　社會主義國家經濟與政治的有機統一，為克服資本主義社會存在的生產社會化與生產資料私有制之間的矛盾，以及由此導致的階級對立、貧富分化、經濟危機、金錢政治和社會的盲目無政府狀態等深刻弊端，創造了制度保障，為社會生產力發展開闢了前所未有的廣闊空間。這是社會主義制度優越性的一個重要表現，也是社會主義社會發展的一條重要規律。毛澤東同志指出，政治工作是一切經濟工作的生命線。政治和經濟的統一，政治和技術的統一，這是毫無疑義的。鄧小平同志強調，「社會主義市場經濟的優越性在哪裡？就在四個堅持」，即堅持四項基本原則。習近平同志指出，堅持黨的領導，發揮黨總攬全域、協調各方的領導核心作用，是我國社會主義市場經濟體制的一個重要特徵。這些重要論述，深刻揭示了社會主義條件下經濟與政治

有機統一的辯證關係。

　　在社會主義市場經濟條件下，隨著多種所有制經濟共同發展和市場在資源配置中的決定性作用的發揮，經濟與政治相互聯繫和相互作用的具體方式無疑與傳統計劃經濟條件下有了很大不同，但經濟與政治有機統一的規律不會有根本變化。

正確認識和運用經濟與政治有機統一規律，能夠有力推動社會主義經濟發展，否則就會產生嚴重危害

　　新中國成立後，在中國共產黨領導下，通過新民主主義革命和社會主義革命，我國建立了人民民主專政的國家，並依靠強大的國家力量建立了社會主義經濟制度，建立起獨立的比較完整的工業體系和國民經濟體系，積累了在中國這樣一個社會生產力水準十分落後的東方大國進行社會主義建設的重要經驗。但是，也有值得深刻記取的教訓。在高度集中的計劃經濟體制下，政企不分、行政命令盛行、市場作用受到壓抑，嚴重束縛了經濟活力。特別是在「以階級鬥爭為綱」的年代，出現了脫離經濟發展規律和經濟建設中心而片面突出政治的錯誤，生產力發展受到了嚴重衝擊。

　　改革開放以來，我們黨糾正了「以階級鬥爭為綱」的錯誤，把工作重心轉移到經濟建設上來，成功實現了從高度集中的計劃經濟體制到充滿活力的社會主義市場經濟體制的轉變，推動了經濟持續快速發展、人民生活水準不斷提高和綜合國力大幅提升，開闢了黨和國家發展新局面。社會主義市場經濟既尊重客觀經濟規律，發揮市場經濟的長處；又體現社會主義制度的要求，發揮黨的領導、政府的作用和人

民群眾的首創精神，實現了經濟與政治的良性互動。因而，它能夠調動各方面的積極性、主動性和創造性，使各種資源都得到充分有效利用，使社會主義制度的優勢得到充分發揮。

在堅持以經濟建設為中心、堅持發揮市場在資源配置中的決定性作用的同時，必須注意克服另外一種片面傾向，即重經濟而輕政治，甚至認為講政治會影響經濟建設、妨礙市場經濟發展。其具體表現是：重個人、輕集體，重眼前、輕長遠，重局部、輕全域，重物質、輕精神，重市場、輕國家，重自發性、輕自覺性，等等。這種片面傾向，割裂了經濟與政治的辯證關係，違反了社會主義條件下經濟與政治有機統一規律。如果任其蔓延而不加以防範，就會動搖中國特色社會主義事業的根基，破壞社會穩定，迷失發展方向，喪失前進動力，甚至使黨和人民事業陷入失敗。

歷史和實踐一再證明，發展中國特色社會主義必須正確認識和處理經濟與政治的辯證關係，努力實現經濟與政治相互促進、經濟基礎與上層建築相互適應、經濟建設與政治建設良性互動。

在新的歷史條件下，必須始終堅持辯證法、兩點論，把經濟和政治兩方面優勢都發揮好

當前，中國特色社會主義事業進入到一個新的歷史階段，面對著新趨勢新機遇和新矛盾新挑戰。在新的歷史條件下，能不能駕馭好世界第二大經濟體，能不能保持經濟持續健康發展，實現全面建成小康社會、建設社會主義現代化強國的宏偉目標，關鍵在於黨在經濟社會發展中的領導核心作用發揮得好不好，取決於經濟和政治有機統一這

個社會主義制度的優勢發揮得好不好。因此，我們必須牢牢把握經濟是政治的基礎、政治是經濟的集中表現這個馬克思主義基本原理；必須牢牢記住沒有經濟的政治是空頭政治，沒有政治的經濟必然迷失方向和靈魂。要把經濟與政治辯證統一發展貫穿於社會主義現代化建設全過程。為此，必須著重把握好以下重要原則。

堅持中國共產黨的領導。這是中國特色社會主義最本質的特徵，是實現經濟持續健康發展的根本保障。必須加強和改善黨的領導，完善黨領導經濟社會發展工作的體制機制，不斷提高黨把握方向、謀劃全域、提出戰略、制定政策、推進改革的能力，提高駕馭社會主義市場經濟的能力。

堅持以馬克思主義為指導。這是我們立黨立國的根本。堅持以馬克思主義為指導，體現在經濟領域，就是堅持發展當代中國的馬克思主義政治經濟學、中國特色社會主義政治經濟學，不斷完善中國特色社會主義政治經濟學理論體系，堅持用馬克思主義政治經濟學指導經濟發展實踐，不為各種錯誤觀點所左右，不生搬硬套西方思想理論。

全面貫徹執行黨的基本路線。這是黨和國家的生命線、人民的幸福線。把堅持以經濟建設為中心同堅持四項基本原則、堅持改革開放這兩個基本點統一於中國特色社會主義偉大實踐，任何時候都不能有絲毫偏離和動搖。既要堅持以經濟建設為中心，大力發展社會生產力；又要堅持社會主義方向，不斷鞏固和完善社會主義制度。

堅持以人民為中心的發展思想。這是馬克思主義的根本政治立場。在社會主義社會，發展生產力的目的不是實現資本利潤最大化，而是滿足人民群眾日益增長的物質文化需要、實現人的全面發展和社會共同富裕。要把以人民為中心的發展思想落實到經濟發展的各個環節，

絕不能出現「富者累巨萬，貧者食糟糠」的現象。

　　堅持社會主義市場經濟的改革方向。這是中國特色社會主義最鮮明的特色，是把握好經濟與政治關係辯證法的樞紐。要繼續在社會主義基本制度與市場經濟的結合上下功夫，在充分發揮市場在資源配置中的決定性作用的同時，更好發揮社會主義制度的優勢，保持強有力的宏觀調控，不斷提高國家經濟治理能力。

　　堅持共產主義遠大理想和中國特色社會主義共同理想。這是中國特色社會主義經濟建設的方向和靈魂。社會主義是共產主義的低級階段，發展中國特色社會主義的各項措施，如踐行以人民為中心的發展思想、促進人的全面發展、完善以公有制為主體的基本經濟制度、走共同富裕道路、實現社會公平正義、保障和改善民生、落實人民當家作主權利等，都是實現共產主義的現實步驟和具體行動，都是在向共產主義遠大理想扎實邁進。

　　　　　　　　　《人民日報》（2016 年 12 月 15 日　07 版）

我國有跨越「中等收入陷阱」的制度保障

白暴力

　　一些學者和機構把一些發展中國家在中等收入區間長期陷入經濟增長緩慢甚至停滯的狀態，稱為「中等收入陷阱」。實際上，西方發達國家也曾經歷過數十年的「中等收入陷阱」。以美國為例，按 2005 年美元價格計算，1879 年美國人均 GDP 為 3416 美元，1940 年為 8465 美元。在這 60 多年裡，美國處於中等收入區間。在此期間，美國發生過 10 多次經濟衰退乃至經濟危機，程度嚴重並具世界性影響的就有 5 次。在 1930—1933 年的經濟大危機中，美國工業產值下降了 56.6%，失業人數達 1200 多萬。

　　導致「中等收入陷阱」的直接原因是有效需求不足或相對生產過剩。面對經濟危機，西方發達國家出現了所謂凱恩斯革命和羅斯福新政。他們認為，經濟危機的原因在於有效需求不足。因此，通過各種方式大力提高社會需求，由此擺脫危機，走出了「中等收入陷阱」。以 2005 年美元價格計算，1940—1970 年，美國人均 GDP 由 8465 美元增至 19971 美元，年均增長率達到 3%，為中等收入時期的 2 倍。可見，導致「中等收入陷阱」的直接原因是有效需求不足，走出「中等收入陷阱」的途徑在於擴大有效需求。對資本主義社會有效需求不足問題，馬克思早就給予了深刻說明。他指出：一切真正危機的最根本的原因，總不外乎群眾的貧困和他們的有限的消費，資本主義生產卻不顧這種情況而力圖發展生產力，好像只有社會的絕對的消費能力才是生產力

發展的界限。這就必然導致相對生產過剩。所以，有效需求不足不過是相對生產過剩的表現形式，「中等收入陷阱」實質上是相對生產過剩困境。

緩解有效需求不足的措施是變革古典資本主義制度。凱恩斯主義認為，在古典資本主義經濟制度中，沒有國家干預，沒有政府調節，有效需求不足是必然的，經濟危機也就是必然的。依據這一理論，為了提高有效需求，西方發達國家被迫對古典資本主義制度進行變革，對社會經濟體制進行調整。這些變革和調整主要表現在兩個方面：第一，加強政府對社會經濟的調控，建立和發展一定規模的國有經濟。第二，企業內部在一定程度上增加勞動者的權利。例如，德國《職工共同決策法》規定，2000 人以下的公司，雇員占監事會人數的 1/3；2000 人以上的公司則必須占到 1/2，且必須有勞方代表進入董事會。這些變革在一定程度上提高了勞動者收入、擴大了社會需求，從而緩解了有效需求不足問題，使西方國家走出了「中等收入陷阱」，進入一個經濟發展較快時期。

可見，「中等收入陷阱」的直接原因是有效需求不足，根源在於古典資本主義制度。依據馬克思主義經濟學基本原理，「中等收入陷阱」實質上是在社會生產力發展到中等收入階段後，古典資本主義制度已無法適應社會生產力發展，資本主義基本矛盾激化所導致的社會經濟現象。因此，「中等收入陷阱」的根源在於資本主義生產方式。

我國是社會主義國家，中國特色社會主義經濟制度為跨越「中等收入陷阱」提供了制度保障。我國實行公有制為主體、多種所有制經濟共同發展的基本經濟制度，實行按勞分配為主體、多種分配方式並存的收入分配制度，為克服有效需求不足矛盾、跨越「中等收入陷阱」

提供了堅實的制度保障。同時，我國實行社會主義市場經濟體制，在發揮市場配置資源決定性作用的同時更好發揮政府作用，為避免市場失靈、經濟劇烈波動提供了體制條件。當然，具備了基礎性制度和體制條件，並不意味著就能自然而然地跨越「中等收入陷阱」。特別是在我國經過 30 多年持續快速發展、經濟發展開始爬坡過坎的關鍵時期，必須著力推動經濟轉型升級，加快實現創新驅動發展，使發展成果更多更公平惠及全體人民，使中國特色社會主義經濟制度的優勢更充分地發揮出來。

《人民日報》（2015 年 10 月 14 日　07 版）

使市場之手和政府之手優勢互補

郭　飛

　　黨的十八屆三中全會《決定》提出：「處理好政府和市場的關係，使市場在資源配置中起決定性作用和更好發揮政府作用。」這既體現了社會主義市場經濟的基本規律，也是完善社會主義市場經濟體制的基本要求。

　　資源配置是指各種生產資源（人力、物力、財力等）如何用於各種商品的生產和服務的提供（生產什麼，生產多少，怎樣生產）。市場是商品交換的場所、渠道和紐帶，是商品生產者之間全部交換關係的總和。市場規律包括價值規律、供求規律、競爭規律、貨幣流通規律等。市場在資源配置中起決定性作用，是市場經濟的一般規律。

　　在資源配置中，既發揮市場的決定性作用，也發揮政府的宏觀調控（宏觀經濟管理）和市場監管（微觀經濟規制）作用，是市場經濟國家的通常做法，也是現代市場經濟的一般規律。「使市場在資源配置中起決定性作用和更好發揮政府作用」，這與現代市場經濟是一致的。同時，我國實行的是社會主義市場經濟體制，它是與公有制為主體、多種所有制經濟共同發展的基本經濟制度和按勞分配為主體、多種分配方式並存的分配制度聯繫在一起的，從而在宏觀調控和市場監管上，能夠把人民的當前利益與長遠利益、局部利益與整體利益結合起來，更好地發揮政府和市場各自的優勢，促進國民經濟持續健康發展。

　　在社會主義市場經濟條件下，需要正確界定市場和政府在資源配

置中發揮作用的邊界和程度。凡屬市場能有效發揮作用的，政府要簡
政放權、鬆綁支持，既不越位也不錯位；凡屬市場不能有效發揮作用
的，政府則不能缺位，該管的要堅決管住管好，避免出現大的波動和
問題。需要注意的是，在社會主義市場經濟條件下，「使市場在資源
配置中起決定性作用」，並不是指市場在全部資源配置中都起決定性
作用，在市場失靈的領域必須由政府發揮宏觀調控和市場監管作用。

　　《決定》指出：「科學的宏觀調控，有效的政府治理，是發揮社
會主義市場經濟體制優勢的內在要求。」在社會主義市場經濟條件下，
政府的職責和作用主要是保持宏觀經濟穩定，加強和優化公共服務，
保障公平競爭，加強市場監管，維護市場秩序，推動可持續發展，促
進共同富裕，彌補市場失靈。因此，可將我國的資源配置區分為公共
產品和服務的資源配置與非公共產品和服務的資源配置兩部分。在非
公共產品和服務的資源配置中，由市場起決定性作用；在公共產品和
服務的資源配置中，由政府起決定性作用。換言之，以充分發揮市場
在非公共產品和服務的資源配置中的決定性作用來彌補政府失靈，以
充分發揮政府在公共產品和服務的資源配置中的決定性作用來彌補市
場失靈，實現「看不見的手」和「看得見的手」的優勢互補，促進社
會主義市場經濟持續健康發展。

　　「使市場在資源配置中起決定性作用和更好發揮政府作用」，是
不可分割的一句話。我們應不斷完善社會主義市場經濟體制，在資源
配置中正確運用「看不見的手」和「看得見的手」，促進我國經濟持
續健康發展和社會全面進步，努力實現「兩個一百年」的奮鬥目標和
中華民族偉大復興的中國夢。

《人民日報》（2014 年 05 月 13 日　07 版）

正確看待和堅持公有制為主體

鄧　玲

　　堅持公有制的主體地位，是社會主義的本質特徵之一。在我國社會主義初級階段，必須堅持和完善公有制為主體、多種所有制經濟共同發展的基本經濟制度。一段時間以來，我國國有經濟比例呈現下降趨勢，尤其是非國有企業在數量和市場份額上都超過了國有企業，一些人開始對公有制的主體地位產生懷疑和擔憂。在這種情況下，如何正確看待和堅持公有制為主體，關係深化經濟體制改革的順利推進，關係我國經濟社會的持續健康發展，是堅持和發展中國特色社會主義需要解決的重大理論和現實問題。

　　公有制主體地位是由社會主義本質所規定並由憲法固化了的法律原則，不能動搖也不會動搖。所有制是一種經濟制度，生產資料所有制性質決定社會性質。公有製作為一種生產資料所有制、作為一種經濟制度，決定著社會主義社會的性質。公有制經濟、國有經濟、國有企業既相聯繫，又有區別。國有企業是國有經濟的重要組成部分，國有經濟是公有制經濟的重要組成部分。我國國有企業是公有制經濟，但不是公有制經濟的全部；國有企業數量和資產份額的變化可能會使社會主義市場經濟的結構發生一些變化，但不會影響公有制的主體地位。在我國，公有制的主體地位是憲法賦予的。我國憲法明確規定：「中華人民共和國的社會主義經濟制度的基礎是生產資料的社會主義公有制，即全民所有制和勞動群眾集體所有制。」習近平同志指出：「公

有制主體地位不能動搖，國有經濟主導作用不能動搖，這是保證我國各族人民共用發展成果的制度性保證，也是鞏固黨的執政地位、堅持我國社會主義制度的重要保證。」這「兩個不能動搖」，深刻闡明了我國必須堅持公有制主體地位和國有經濟主導作用。

公有制主體地位主要體現在公有資產在社會總資產中佔優勢地位，國有經濟控制國民經濟命脈並對經濟發展起主導作用。當前，公有制經濟的優勢猶存，國有經濟的主導作用不斷加強，公有制的主體地位並沒有動搖。公有制經濟涉及的經濟成分、針對的財產所有權、涉及的資產範圍非常廣，包括國有經濟、集體經濟、混合所有制經濟中的國有成分和集體成分。由於統計的原因，目前關於公有資產的數量還沒有一個準確資料；自然資源資產產權制度改革尚在探索階段，大量公有資產還沒有進入統計範圍。如果把能產生直接、間接、潛在經濟效益的公有資產都納入資產統計範圍，公有制經濟在社會總資產的量上佔優勢是毫無疑問的。此外，國有經濟的主導作用主要體現在對國民經濟的控制力、帶動力、影響力上，而不是簡單體現為數量比例關係。國有經濟比例近年出現持續下降，一個很重要的原因是由於統計口徑沒有及時調整。事實上，在關係國家安全、國民經濟命脈的重要行業和關鍵領域，國有經濟依然占支配地位。

國有企業是國有經濟發揮主導作用的主要載體，也是推進國家現代化、保障人民根本利益的重要力量。正確認識國有企業對發揮國有經濟主導作用的重要意義，不能割裂我國社會主義建設的歷史實踐和當前實際。隨著我國社會主義經濟體系的建立、發展、調整和優化，國有企業的發展目標和領域也在不斷改變和調整。新中國成立初期，國有企業主要集中在工業領域。在改革開放進程中，國有企業在不斷

深化改革的同時大力支持國家整體改革發展，成為經濟社會發展的重要支撐。當前，國有企業的發展目標調整為以維護國家安全、保持社會穩定、促進經濟發展為主，主動退出了一些競爭性領域。這既為非公有制經濟讓出了發展空間，也調整了國民經濟產業佈局、優化了國有資產結構。如果僅僅從數量上看，國有企業確實減少了，但其資產結構和品質更加優良。比如，2014 年，國有及國有控股規模以上工業企業占全部規模以上工業企業總數的 4.98％，擁有的資產量卻占到 38.81％。國有企業不僅在石油化工、工程機械、交通運輸、電子信息、冶金、有色金屬、建材等重要產業占比較高，擁有大量的優質資產和先進技術；而且在相當部分新興產業和戰略性產業具有領先優勢，形成了較強的國際競爭力，發展潛力巨大。

《人民日報》（2016 年 04 月 29 日　07 版）

第三章

中國特色社會主義政治制度的先進性在於實現了黨的領導、人民當家作主和依法治國有機統一

深刻把握全面從嚴治黨與全面依法治國的辯證關係

杜飛進

「治國必先治黨，治黨務必從嚴」。全面依法治國與全面從嚴治黨不僅同屬於協調推進「四個全面」戰略佈局，是「四個全面」戰略佈局的有機組成部分，而且先後成為黨的十八屆四中、六中全會的主題，是實現「兩個一百年」奮鬥目標、實現中華民族偉大復興中國夢的有力保障，因而深刻把握全面從嚴治黨與全面依法治國的辯證關係，是協調推進「四個全面」戰略佈局、實現「兩個一百年」奮鬥目標和中華民族偉大復興中國夢的必然要求，也是理解中國現代化歷史進程和實現方式的一把鑰匙。

概括地說，可以從三個角度來把握全面從嚴治黨與全面依法治國之間的關係：一是從歷史進程來看，中國的法治現代化進程正是我們

黨從革命黨發展成為馬克思主義執政黨的過程。二是從邏輯關係來看，發展社會主義法治必須堅持黨的領導、堅持全面從嚴治黨，堅持黨的領導必須依靠社會主義法治、推進全面依法治國。三是從發展歸宿來看，全面從嚴治黨與全面依法治國追求的目標高度一致，它們共同服務於實現「兩個一百年」奮鬥目標、實現中華民族偉大復興中國夢，共同指向中華民族偉大復興的歷史方向。二者的歷史同程性、辯證統一性、目標一致性，充分彰顯了以習近平同志為核心的黨中央在治國理政上的理論認識境界和現實駕馭能力。

堅持全面從嚴治黨、推進全面依法治國具有歷史同程性

黨的十八大以來，全面從嚴治黨與全面依法治國這兩大方略的相繼提出，不是時間上的簡單偶合，而是緣於我們黨對中國特色社會主義事業發展規律的深刻把握，對社會主義法治文明和黨的建設新的偉大工程的協同推進。

中國有著獨特的文化傳統、獨特的歷史命運、獨特的基本國情。邁入現代社會之後，傳統倫理生活和法律文化中重公權輕私權、重人治輕法治、重倫理輕法理的問題逐漸暴露；而在國家治理中，德治與法治互補、「禮樂政刑」綜合為治的特點日益彰顯。這是我們建設社會主義法治文明面對的歷史境遇，是其他文明所沒有的獨特背景，也是提高黨的領導水準和執政水準需要面對的重大現實，是經典馬克思主義政黨建設理論未曾涉及的一個重大問題。

因此，黨的建設與依法治國統一於國家現代化的歷史進程，體現了中國現代化的獨特路徑，體現了中國道路應然性和必然性的內在統

一。幾十年來，在中國共產黨的領導下，社會主義法治文明逐漸向完備的法律規範體系、高效的法治實施體系、嚴密的法治監督體系、有力的法治保障體系邁進；在加深法治認識、推進法治建設的實踐中，我們黨歷練和提升了依法治國、依法執政、依法行政的能力，彰顯了「屬於人民、代表人民、為人民根本利益而奮鬥」的根本性質，完成了由領導革命、奪取政權的黨向領導改革開放和社會主義現代化建設的馬克思主義執政黨的現代轉型。

「全面依法治國」和「全面從嚴治黨」方略的提出和推進，是這一進程結出的最新碩果。它實現了「把黨的領導貫徹到依法治國全過程和各方面」和「各級黨組織必須堅持在憲法和法律範圍內活動」的辯證統一；促進了嚴守黨的政治紀律、政治規矩與建設法治國家、法治政府、法治社會的良性互動；形成了國家憲法法律和黨內法規制度相輔相成、相互促進、相互保障的有機格局。這一動態歷史進程及其結果表明，經過新中國 60 多年、改革開放 30 多年的探索實踐，我們黨已經能夠以中國歷史現實為依據、以黨的領導為引領、以社會主義法治文明為目標，在黨的建設和法治建設上走出一條統籌協調、富於特色的中國道路。

堅持全面從嚴治黨、推進全面依法治國具有辯證統一性

習近平同志強調指出：「黨和法治的關係是法治建設的核心問題。」「處理得好，則法治興、黨興、國家興；處理得不好，則法治衰、黨衰、國家衰。」這一論斷，言簡意賅地道出了全面從嚴治黨與全面依法治國之間的辯證關係。

　　首先，堅持全面從嚴治黨是推進全面依法治國的根本要求。全面從嚴治黨，基礎是「全面」，關鍵是「從嚴」，重點是「治吏」，體現了治標與治本的統籌兼顧、全面推進與突出重點的統籌兼顧，是對新形勢下馬克思主義執政黨建設規律的新認識。全面從嚴治黨，就「全面」而言，至少包含兩個層面：一是內容全覆蓋，涵蓋黨的思想建設、組織建設、作風建設、反腐倡廉建設和制度建設各個領域，體現黨的建設的系統性和整體性。二是主體全覆蓋，明確管黨治黨的主體是各級黨組織和廣大黨員幹部，尤其是各級黨組織的主要負責人。落實管黨治黨責任，關鍵是加強黨建考核，把黨的建設實踐納入各級領導班子和領導幹部考核指標體系。全面從嚴治黨，關鍵是「從嚴」。一要從嚴落實治黨責任。必須增強管黨治黨意識、落實管黨治黨責任。二要堅持從嚴管理幹部。要以嚴的標準、嚴的措施、嚴的紀律，使幹部心有所畏、言有所戒、行有所止。三要嚴肅黨內政治生活。全面從嚴治黨必須從黨內政治生活嚴起，按照黨內政治生活準則和黨的各項規定辦事。四要嚴明黨的紀律。只有嚴明紀律，才能使全黨統一意志、統一行動，步調一致向前進。發展社會主義法治，必須加強黨的領導、提升黨的執政能力，使我們黨發揮出總攬全域、協調各方的領導核心作用，領導國家權力機關、行政機關、審判機關、檢察機關依照憲法和法律協調一致地開展工作，不斷推動各項治國理政活動的制度化規範化。而要充分發揮我們黨這個領導核心的統籌協調作用，就必須通過全面從嚴治黨改進黨的領導方式和執政方式，嚴格黨的政治紀律、政治規矩，堅決防止黨的各級組織和領導幹部以言代法、以權壓法、徇私枉法，從而為全面依法治國提供堅實基礎。

　　其次，推進全面依法治國為堅持全面從嚴治黨提供保障和抓手。

全面依法治國，就是依照體現人民意志和社會發展規律的憲法法律治理國家，而不是依照個人意志、主張治理國家；要求國家的政治、經濟運作及社會各方面活動都依照憲法法律規定來進行，而不受任何個人意志的干預、阻礙或破壞。全面推進依法治國是堅持和發展中國特色社會主義的本質要求和重要保障，是推進國家治理體系和治理能力現代化的必然要求，事關我們黨執政興國，事關人民幸福安康，事關黨和國家長治久安。實踐證明，法治是反腐敗和扼制權力濫用的基本手段和基本路徑，剷除不良作風和腐敗現象滋生蔓延的土壤，根本上要靠法規制度。只有建好制度、立好規矩，把法規制度建設貫穿於反腐倡廉各個領域、落實到制約和監督權力各個方面，發揮法規制度的激勵約束作用，才能築起遏制腐敗現象滋生蔓延的「堤壩」，才能推動形成不敢腐、不能腐、不想腐的有效機制。因此，我們黨要厲行文明執政、廉潔執政，就必須下決心實行法治，依靠法治反腐，通過法治根治腐敗。

黨的十八屆四中全會把形成完善的黨內法規體系納入全面推進依法治國的範疇；黨的十八屆五中全會提出，「必須堅持依法執政，全面提高黨依據憲法法律治國理政、依據黨內法規管黨治黨的能力和水準」；剛剛閉幕的黨的十八屆六中全會又從監督權力運行、完善權力運行機制、加強和規範黨內政治生活入手，再次強調「黨的各級組織和領導幹部必須在憲法法律範圍內活動，決不能以言代法、以權壓法、徇私枉法」。三次中央全會的成果，形成了我們黨對「黨紀」與「國法」關係的新認識，深化了對「治國必先治黨，治黨務必從嚴」歷史規律的科學把握，形成了「依規治黨」與「依法治國」雙管齊下、相互保障的基本格局，申明了紀嚴於法、紀在法前的重大原則，體現了

黨的十八大以來我們黨理念創新、理論創新、實踐創新的重大成果。

　　觀察近兩年的社會現實會發現，一方面，「依規治黨」與「依法治國」的雙管齊下、對「以言代法、以權壓法、徇私枉法」現象的剪除，破除了長久以來社會上存在的「權」與「法」關係的困擾，其實也在一定程度上破除了國家治理現代化的瓶頸；另一方面，紀嚴於法、紀在法前的原則，將對黨員尤其是領導幹部的要求歸位，一掃從前「違紀只是小節、違法才去處理」「要麼是好同志、要麼是階下囚」的吊詭現象。這些人們普遍感受到的深刻變化，都是我們黨科學把握「依規治黨」與「依法治國」辯證關係的現實反映。

堅持全面從嚴治黨、推進全面依法治國具有目標一致性

　　黨的十八屆六中全會聚焦全面從嚴治黨，專門就管黨治黨重大問題作出制度安排，這不僅是改革開放以來黨的七次六中全會都聚焦意識形態和黨建主題的慣例延續，而且是協調推進「四個全面」戰略佈局的內在要求，是實現「兩個一百年」奮鬥目標、實現中華民族偉大復興中國夢的客觀需要。

　　首先，堅持全面從嚴治黨、推進全面依法治國，是全國各族人民的根本利益所在。依規治黨最終是為了使我們黨始終堅持人民主體地位、始終反映人民根本意志；依法治國是為了依法保障人民享有廣泛的權利，保障人民的人身權、財產權、基本政治權利等各項權利不受侵犯，二者從根本目的上都是為了實現好、維護好、發展好最廣大人民的根本利益，都是為了保障人民群眾對美好生活的嚮往和追求。

　　其次，堅持全面從嚴治黨、推進全面依法治國，是黨和國家的前

途命運所繫。治國必先治黨，著力增強黨自我淨化、自我完善、自我革新、自我提高能力，著力提高黨的領導水準和執政水準、增強拒腐防變和抵禦風險能力，是中國特色社會主義事業行穩致遠的根本保障，是中華民族偉大復興的根本保障；「法令行則國治」，全面依法治國是中國現代化的必由之路，是促進社會公平正義、保障人民安居樂業、實現國家長治久安的基本遵循。二者統一於中國特色社會主義偉大事業，共同指向中華民族偉大復興的歷史方向。

依循這個方向，黨的十八屆六中全會通過的《關於新形勢下黨內政治生活的若干準則》和《中國共產黨黨內監督條例》，抓住了全面從嚴治黨的關鍵問題，強化了全面從嚴治黨的制度保障，明確了全面從嚴治黨的規範準則，標誌著我們黨在正確認識與把握黨與法、管黨治黨與治國理政、全面從嚴治黨與全面依法治國關係上達到了新的高度、開闢了新的境界。

《人民日報》（2016 年 11 月 03 日　07 版）

中國特色社會主義政治制度展現獨特優勢和魅力

房　寧　郭　靜

中國共產黨在領導中國現代化建設過程中，始終從國家發展的實際需要出發進行制度選擇和制度建設，以制度的有效性增進制度的合理性，在制度建設發展中逐步確立人們的制度自信。中國特色社會主義政治制度是中國國家制度的核心組成部分，在國家治理體系中發揮著關鍵作用，它的先進性、優越性是中國制度優勢的主要來源。黨的十八大以來，以習近平同志為核心的黨中央深刻洞察世界潮流、深刻把握人類社會發展規律，以矢志不渝的擔當、一往無前的勇氣和固本開新的智慧，推動中國特色社會主義民主政治不斷發展和完善，日益展現出獨特優勢和魅力。

中國的發展成就體現了中國特色社會主義政治制度的優越性

習近平同志在慶祝全國人民代表大會成立 60 周年的重要講話中指出：「一個國家的政治制度決定於這個國家的經濟社會基礎，同時又反作用於這個國家的經濟社會基礎，乃至於起到決定性作用。」從這一重要論述可以看出，政治制度在一個國家經濟社會發展中具有重要作用。經濟、社會、文化等各方面的制度和政策，無不受到政治運行的影響和調整。各國民主制度的基本原則雖有相似之處，但民主制度背後的權力配置關係卻有著本質差別，由此形成的國家治理能力和

經濟社會發展效果更是千差萬別。習近平同志指出：「各國國情不同，每個國家的政治制度都是獨特的，都是由這個國家的人民決定的，都是在這個國家歷史傳承、文化傳統、經濟社會發展的基礎上長期發展、漸進改進、內生性演化的結果。中國特色社會主義政治制度之所以行得通、有生命力、有效率，就是因為它是從中國的社會土壤中生長起來的。」

從世界各國民主政治制度運行的實踐來看，執政黨和政府能否在經濟社會發展中有效發揮規劃、組織和協調作用，是實現國家工業化、現代化的一個關鍵性因素。今天中國的社會制度是否有優勢，事實已經作出了有力回答。中國的工業化、現代化進程，創造了人類發展史上的奇跡。中國從新中國成立初期位列世界最不發達國家，經過60多年的社會主義建設，發展成為世界第二大經濟體、世界經濟增長的主要引擎。中國既實現了工業化、城鎮化的快速推進，又保持了社會長期和諧穩定，避免了許多國家在這一發展階段所經歷的嚴重社會政治動盪。中國在30多年時間裡，不僅實現了7億多人口擺脫貧困，而且自新中國成立以來一直積極支持和幫助廣大發展中國家消除貧困，承擔起維護和平發展的國際責任。如果沒有一套良好、有效運轉的政治制度，這樣的發展成效是不可能取得的。

中國的快速和諧發展充分體現了中國特色社會主義政治制度的先進性和優越性。中國的發展是在中國特色社會主義政治制度下，執政黨激發和彙聚民智民力，合理調配資源，有效組織、推動和保障國家經濟社會發展取得的偉大成果。正如習近平同志所指出的：「這樣一套制度安排，能夠有效保證人民享有更加廣泛、更加充實的權利和自由，保證人民廣泛參加國家治理和社會治理；能夠有效調節國家政治

關係，發展充滿活力的政黨關係、民族關係、宗教關係、階層關係、
海內外同胞關係，增強民族凝聚力，形成安定團結的政治局面；能夠
集中力量辦大事，有效促進社會生產力解放和發展，促進現代化建設
各項事業，促進人民生活品質和水準不斷提高；能夠有效維護國家獨
立自主，有力維護國家主權、安全、發展利益，維護中國人民和中華
民族的福祉。」

中國特色社會主義政治制度的先進性在於實現了黨的領導、人民
當家作主和依法治國有機統一

發展社會主義民主政治，最根本的是堅持黨的領導、人民當家作
主和依法治國有機統一。中國特色社會主義政治制度的先進性，就在
於實現並保證了黨的領導、人民當家作主和依法治國有機統一。

中國特色社會主義政治制度是把中國傳統社會與現代社會的制
度文明因素有機融合，探索形成的適合中國國情的政治制度。這一制
度來之不易。它來自理論和實踐的反復探索，來自對古今中外政治經
驗教訓的總結和借鑒。正確的指導思想和長期的實踐探索，使這一套
民主政治制度具備獨特優點。它紮根於中國國情，著眼於中國經濟社
會發展的歷史任務，既借鑒人類社會現代制度文明，又傳承中華民
族優秀文明傳統。這一制度的內在原則和主要特徵就是堅持黨的領
導、人民當家作主和依法治國有機統一，進而實現了以下兩個兼顧和
平衡。

兼顧擴大民主權利和集中行使權力。一方面，保障和不斷擴大人
民的權利和利益，保證執政黨與人民群眾的緊密聯繫；另一方面，有
效凝聚人民的共同意志，集中行使國家權力，團結最廣大人民共同奮
鬥。同時，還能兼顧具體利益和整體利益，在實現整體利益、長遠利

益的同時，注重保護和尊重局部利益、現實利益。這個特徵使中國特色社會主義政治制度具有明顯的先進性、優越性，使中國民主政治發展避免了其他一些民主制度的弊病和陷阱。西方國家及一些發展中國家的民主政治實踐表明，以競爭性選舉為核心的民主制度很容易導致民主與集中的失衡。多黨競爭必然要爭奪選民，爭奪選民首先要「切割」選民，將不同社會群體的利益分歧擴大化、對立化。各個政黨為奪得或控制政權，在權力爭奪中不擇手段、相互攻訐，不斷擴大和深化社會分歧，不利於形成整體意志。這種制度缺陷導致一些發展中國家在模仿和實踐競爭性民主制度過程中陷入長期社會紛爭，有的國家甚至內戰頻發、民不聊生。

兼顧制度化和改革的活力。堅持黨的領導、人民當家作主和依法治國有機統一，一方面可以將實踐證明能夠有效保障民主權利的措施、程序和權力監督制約機制固定下來，保證國家政策的科學制定並兼顧各方利益，避免國家政策的不確定性；另一方面又能保持國家權力的相對超越性，使之不被具體利益所綁架，能夠有效調整阻礙發展的制度措施和利益關係，防止制度政策和利益格局僵化，保持國家經濟社會持續健康發展。

對比中國與其他國家的民主政治制度實踐可以看到，由領導人或小集團完全控制國家權力而缺乏廣泛政治參與的政治制度，容易出現政策僵化或政策失誤，經濟社會矛盾長期無法解決，國家發展停滯，甚至走向政治動盪；而定期選舉更換執政黨的西式民主制度，也未必具有改革調整的活力，政黨競爭的實際效果可能是維護甚至強化了利益格局的僵滯，也可能出現政策極化，造成國家發展停滯，甚至走上歧路。而在中國，中國共產黨發揮總攬全域、協調各方的領導核心作

用，在科學執政、民主執政、依法執政中領導人民有效治理國家，加強了各種社會力量的合作協調，避免了不少國家和地區在探索民主政治中出現的相互傾軋、民族隔閡、彼此掣肘等背離民主精神和原理的現象。在民主政治的國際比較中，我們能夠更清楚地看出中國的制度優勢。

黨的領導、人民當家作主和依法治國有機統一的制度形式不斷發展完善

按照黨的領導、人民當家作主和依法治國有機統一的原則，我國建立了一套相互配合的民主政治制度和機制。作為國家根本政治制度的人民代表大會制度、作為國家基本政治制度的中國共產黨領導的多黨合作和政治協商制度，是我國最重要的兩項民主政治制度。它們作為實現黨的領導、人民當家作主和依法治國有機統一的制度形式，發揮著重要政治職能，並根據國家改革發展的要求不斷發展完善。

人民代表大會制度是堅持黨的領導、人民當家作主、依法治國有機統一的根本制度安排和載體。人民群眾成為國家和社會的主人，需要有一個能夠代表和反映人民根本利益的政黨將人民群眾組織起來，形成自覺意識和有效行動。人民當家作主意味著人民群眾在黨的領導下掌握國家政權，行使民主權利，依法管理國家和社會事務、管理經濟和文化事業。人民代表大會制度通過組織制度、選舉制度、代表制度、議事制度、立法制度、監督制度等，從根本上保證人民當家作主的政治地位。人民通過全國人大和地方各級人大行使立法權、監督權，保證行政權、審判權和檢察權的正確行使。各級人民代表大會保證人

民群眾的呼聲和要求得到普遍反映，有效體現和代表人民的意志，並通過法定程序將其轉化為國家意志，保證執政黨推薦的人選成為國家政權機關的領導人員，保證國家政權機關實施黨對國家和社會的領導，保證運用民主集中制原則維護中央權威、維護全黨全國團結統一，確保黨發揮總攬全域、協調各方的領導核心作用。

黨的十八大以來，人民代表大會制度繼續發展，進一步保障了黨的領導、人民當家作主、依法治國有機統一。各級人大探索提高人民代表大會會議品質，推進會議公開，接受人民群眾監督；進一步落實人民代表大會的立法職權，完善立法工作體制機制，發揮人大立法主導作用，推進科學立法、民主立法；規範人大討論決定重大事項制度的範圍和工作程序，把討論決定重大事項與加強監督工作和推動議案辦理等工作有機結合，對不執行、不落實決議決定的加強問責，維護各項決議決定的法律權威；圍繞國家權力運行、公共資源配置和保障改善民生開展監督工作，改進預算初審工作，實施全口徑預算監督；完善代表工作格局和代表聯繫選民的制度平臺，健全代表視察活動、年中集中活動、代表小組對口連絡人大代表、培訓活動、重要工作徵詢代表意見等方面的制度。

中國共產黨領導的多黨合作和政治協商制度是我國民主政治的特有形式。政治協商制度是在中國共產黨領導下，人民內部各方面圍繞改革發展穩定的重大問題和涉及群眾切身利益的實際問題，在決策之前和決策實施之中開展廣泛協商，努力形成共識的重要民主形式。正如習近平同志所指出的：「在中國社會主義制度下，有事好商量，眾人的事情由眾人商量，找到全社會意願和要求的最大公約數，是人民民主的真諦。」

　　政治協商制度為社會不同利益群體提供了經常性、暢通的利益訴求和意見建議表達渠道，擴大了民主參與的廣泛性，有利於統籌兼顧、協調整合各方面利益，凝聚全社會推動改革發展的智慧和力量，有效克服黨派和利益集團為自己的利益而相互競爭甚至相互傾軋的弊端；有效克服不同政治力量為了爭取和維護自身利益而固執己見、排斥異己的弊端；有利於化解利益群體之間的分歧與對立，提高決策的可接受性和可執行性。同時，政治協商制度也是一條社會監督的有效途徑，是一個發現與改正失誤和錯誤的機制，能夠有效克服決策中情況不明、自以為是的弊端；是一個人民群眾參與各層次管理和治理的機制，能夠有效克服人民群眾在國家政治生活和社會治理中無法表達、難以參與的弊端。

　　人民政協是政治協商的重要渠道和專門機構。黨的十八大以來，為加強社會主義協商民主建設，更好發揮人民政協的政治協商、民主監督、參政議政職能，我們黨實施了多項改革措施。在加強黨的領導方面，黨中央建立定期研究政協工作制度，中央政治局常委會每年都召開專題會議，研究討論政協年度協商計畫、政協常委會工作報告、政協全體會議事項等；在全國政協專門委員會設立分黨組，理順了黨在政協的領導體制。在推進政協協商民主制度建設方面，明確協商內容、協商形式、協商程序、成果運用等，全國政協創建了以專題為內容、以界別為紐帶、以專委會為依託、以多向交流為方法的雙周協商座談會。在各種協商活動中，注重人員的廣泛性、代表性，並邀請黨政部門和專家學者、各利益相關方參與協商，面對面交流。在改進民主監督方面，完善了會議監督、視察監督、提案監督、專項監督和其他監督形式，規範和健全了監督工作程序與工作機制。

隨著這些改革措施的深入實施，黨的領導、人民當家作主和依法治國有機統一將得到更好實現，中國特色社會主義政治制度將展現更強的生命力，中國的制度優勢將得到進一步鞏固和發揮。

《人民日報》（2017 年 03 月 15 日　07 版）

推進國家治理現代化的方向和路徑
秦　宣

　　黨的十八屆三中全會明確提出，全面深化改革的總目標是完善和發展中國特色社會主義制度、推進國家治理體系和治理能力現代化。實現這一總目標，有三點需要明確：一是中國是一個人民當家作主的社會主義國家，而如何治理社會主義社會，馬克思主義經典作家並未給出現成答案，過去的社會主義實踐也並未很好地解決這一問題；二是中國是一個人口眾多、發展很不平衡的國家，如何治理這樣的發展中大國，沒有現成的經驗可借鑒；三是中國是一個正在深刻轉型的發展中國家，發展階段的特殊性和發展任務的艱巨性，決定了實現國家治理現代化的複雜性。這三點表明，如何實現國家治理現代化，是一個具有戰略意義的理論和實踐課題。黨的十八屆三中全會以來，習近平同志圍繞全面深化改革的總目標發表了一系列重要講話。貫徹黨的十八屆三中全會精神和習近平同志系列重要講話精神，推進國家治理現代化，必須明確目標任務，找到科學方向和路徑。

推進國家治理現代化必須完善和發展中國特色社會主義制度

　　國家治理現代化不單是中國的話題，而且是一個世界性話題。20世紀 90 年代，國外學術界曾從理論上對此作過探討。進入新世紀，世界銀行等機構制定了實現國家治理體系現代化的一系列指標。據此，

有人認為，國家治理現代化是世界各國共同面對的技術性問題，不存在方向和原則分歧。很顯然，這是一個誤解。

馬克思主義國家學說強調，國家的性質不同，其治理形式也存在差別。資本主義國家和社會主義國家由於性質不同，國家治理模式也是不一樣的。資本主義是以資本家佔有生產資料和剝削雇傭勞動為基礎的社會制度，其本質是資產階級對無產階級的政治統治，是資產階級專政。資本主義國家治理模式反映的是資本主義社會的經濟關係，是政治上占統治地位的資產階級的要求。近百年來，資本主義國家治理體系逐步變革，取得了一些進步，但這種進步並沒有改變資本主義國家的性質。2008 年國際金融危機爆發後，資本主義國家採取的種種措施再次證明，資本主義國家的執政黨、政府、壟斷資本集團作為國家治理的主體，都是為資產階級統治服務的；廣大勞動人民雖然擁有法律賦予的參與國家治理的權利，但作用甚微。而社會主義國家的本質是工人階級和廣大勞動人民的政治統治，是人民民主專政。社會主義國家治理建立在社會主義經濟基礎之上，反映的是最廣大人民的根本利益，體現的是人民當家作主的本質要求。

我國是一個社會主義國家，我國國家治理現代化以社會主義為根本方向。鄧小平同志曾將我國的現代化稱為「中國式的現代化」，也就是社會主義現代化。鄧小平同志提出的四項基本原則，其中一項就是堅持社會主義。他提出的「三個有利於」標準，也在前面加上了「社會主義社會」這個關鍵字。因此，我們發展的市場經濟和民主、自由、平等，都必須在前面加上「社會主義」這個關鍵字。正如習近平同志所指出的：「中國特色社會主義是社會主義而不是其他什麼主義。」社會主義與資本主義的顯著不同在於，社會主義堅持以人為本，以實

現最大多數人的利益為宗旨，以實現人的自由而全面發展為最終目標。而資本主義以資本為本，以實現利潤最大化為目標。我國改革開放的實踐讓我們深深明白了鄧小平同志的一句話：「不堅持社會主義，不改革開放，不發展經濟，不改善人民生活，只能是死路一條。」而堅持社會主義，最關鍵的是要堅持社會主義制度。習近平同志指出：「我國憲法以國家根本法的形式，確立了中國特色社會主義道路、中國特色社會主義理論體系、中國特色社會主義制度的發展成果。」也就是說，完善和發展中國特色社會主義制度是推進國家治理現代化的必然要求。

　　因此，推進國家治理現代化，必須正確處理它與完善和發展中國特色社會主義制度的關係。對此，習近平同志說得很清楚：「推進國家治理體系和治理能力現代化，必須完整理解和把握全面深化改革的總目標，這是兩句話組成的一個整體，即完善和發展中國特色社會主義制度、推進國家治理體系和治理能力現代化。我們的方向就是中國特色社會主義道路。」深刻領會習近平同志重要講話精神，要求我們始終堅持社會主義發展方向，從有利於完善和發展中國特色社會主義制度的高度來設計和推進國家治理現代化。如果只講推進國家治理現代化，不講完善和發展中國特色社會主義制度，那就會丟掉原則、迷失方向，就可能走上改旗易幟的邪路。

堅持國家治理體系和治理能力現代化雙管齊下

　　習近平同志指出：「國家治理體系和治理能力是一個國家制度和制度執行能力的集中體現。」這表明，國家治理現代化包括國家治

理體系現代化和國家治理能力現代化兩個方面，前者指國家的制度安排，後者指制度的執行能力。實現國家治理現代化，必須促進二者協調發展。

把國家治理現代化作為一個有機整體，避免割裂國家治理體系現代化和國家治理能力現代化的聯繫。國家治理體系現代化，主要是指我們黨作為執政黨領導人民治理國家的制度體系現代化，包括根本政治制度、基本政治制度、基本經濟制度、中國特色社會主義法律體系，以及經濟、政治、文化、社會、生態文明建設和黨的建設等各領域的體制機制現代化。國家治理能力現代化，主要是指治黨治國治軍、促進改革發展穩定、維護國家安全利益、應對重大突發事件、處理各種複雜國際事務等方面能力的現代化。習近平同志指出：「國家治理體系和治理能力是一個有機整體，相輔相成，有了好的國家治理體系才能提高治理能力，提高國家治理能力才能充分發揮國家治理體系的效能。」由此可見，治理體系是治理能力形成的基礎，治理能力的提升有賴於治理體系的建構；治理能力彰顯治理體系的效能，治理體系的效能必須通過強大的治理能力才能得到充分體現。

正確認識國家治理體系和國家治理能力的差異，避免將二者等同起來。國家治理體系和國家治理能力雖然有緊密聯繫，但又不是一碼事，二者不能相互替代。從世界各國的治理經驗來看，在國家治理體系和國家治理能力關係問題上，有四種情況特別值得注意。一是不同國家的治理體系是不一樣的。由於國情不同、歷史文化傳統不同，世界上沒有統一的、單一的國家治理體系，因此不同治理體系之間只能相互借鑒而不能照搬。二是同一國家在不同發展階段的治理體系也是不同的。比如，資本主義國家在自由競爭階段和壟斷資本主義階段的

治理體系是不一樣的；我國在計劃經濟條件下和在社會主義市場經濟條件下的治理體系也是不一樣的。因此，治理體系不是僵化、固定不變的，而是與時俱進、動態演進的。三是不同國家的治理能力由於客觀情況和主觀努力的差異，又有或大或小的差距。比如，歐盟國家雖然實行大致相同的治理體系，但不同國家由於治理能力差異出現了治理績效的差異。四是同一個國家在同一種治理體系下，不同歷史時期的治理能力會有差距，治理效果也存在差異。

一手抓國家治理體系現代化，一手抓國家治理能力現代化。貫徹落實習近平同志關於國家治理現代化的重要講話精神，推進國家治理體系和治理能力現代化，要把制度建設貫穿改革始終，適應時代發展要求，既改革不適應實踐發展要求的體制機制、法律法規，又不斷構建新的體制機制、法律法規，使各方面制度更加科學、更加完善，實現黨、國家、社會各項事務治理制度化、規範化、程序化。同時，適應國家現代化進程，提高我們黨科學執政、民主執政、依法執政水準，提高國家機構履職能力，提高人民群眾依法管理國家事務、經濟社會文化事務、自身事務的能力，不斷提高運用中國特色社會主義制度有效治理國家的能力。

推進國家治理現代化必須堅持正確的方法

過去，西方國家的一些學者和政要出於意識形態鬥爭的需要，經常攻擊和批評我國的制度體系。但是，我國 30 多年改革開放取得的輝煌成就證明，我國的國家治理體系和治理能力總體上是好的，有獨特優勢，適應我國國情和發展要求。我國國家治理的成功實踐至少證

明了三點：一是西方有些人低估了中國特色社會主義制度的優勢、韌性、活力和潛能，所謂「中國崩潰論」是站不住腳的；二是中國走出了一條不同於西方國家的成功發展道路，形成了一套完整的、不同於西方國家的制度體系；三是治理一個國家、推動一個國家實現現代化，並不只有西方一種模式，各國完全可以走出自己的道路。

當代中國的國家治理體系是馬克思主義國家治理理論同中國具體實際相結合的產物，是當代中國共產黨人既立足中國國情、又善於借鑒國外先進治理經驗的結果。面向未來，同我國經濟社會發展和人民群眾的要求相比，同當今日趨激烈的國際競爭相比，同實現國家長治久安和全面現代化面臨的艱巨任務相比，我國的國家治理體系和治理能力還有許多不足，我們的制度還沒有達到成熟定型的要求。因此，我們要通過全面深化改革、以正確的方法推進國家治理體系和治理能力現代化。

將制度建設貫穿於全面深化改革的始終。制度建設是具有戰略性、全域性、長遠性的重大問題。我們要按照習近平同志的要求，堅持以實踐基礎上的理論創新推動制度創新，堅持和完善現有制度，從實際出發，及時制定一些新的制度，構建系統完備、科學規範、運行有效的制度體系，使各方面制度更加成熟更加定型，為奪取中國特色社會主義新勝利提供更加有效的制度保障。同時要明確，我們今天的國家治理體系，是在我國歷史文化傳承、經濟社會發展的基礎上長期發展演進的結果。推進國家治理現代化，應學習和借鑒人類文明的一切優秀成果，但不能照搬其他國家的政治理念和制度模式，而要從我國的現實條件出發創造性推進。我國國家治理體系需要改進和完善，但怎麼改進、怎麼完善，我們要有主張、有定力，一切要有利於社會

主義制度的自我完善和發展。

　　加強頂層設計，從戰略上謀劃國家治理體系現代化。國家治理體系是一個制度系統，必須從總體上考慮和規劃各個領域的改革方案，從中央層面加強對治理體制改革的領導和指導，防止出現碎片化、短期行為、政出多門以及部門主義和地方主義。要解放思想，敢於衝破傳統觀念束縛，加強戰略研究，大膽進行理論創新，從戰略上謀劃國家治理體系現代化，分階段制定路線圖和任務表，在國家行政制度、決策制度、司法制度、預算制度、監督制度等重要領域取得突破性進展。

　　堅決維護制度的剛性約束力，著力提高國家治理能力。要維護制度的嚴肅性和權威性，防止規章制度成為「稻草人」。堅決維護制度的剛性約束力，堅持制度面前人人平等，執行制度沒有例外，杜絕「破窗效應」。要適應國家治理現代化總進程，提高黨科學執政、民主執政、依法執政水準，提高國家機構履職能力，提高政府行政能力。著力提高人民群眾依法管理國家事務、經濟社會文化事務、自身事務的能力，不斷提高運用中國特色社會主義制度有效治理國家的能力。

　　學習和借鑒發達國家的國家治理經驗，實現治理經驗的中國化、本土化。習近平同志指出：「任何科學理論和制度，必須本土化才能真正起到作用。」改革開放以來，我們在建立現代國家治理體系方面的許多進步和成就得益於將國外先進經驗中國化。例如，政策制定過程中的「聽證制度」、公共服務中的「一站式服務」、責任政府建設中的「政府問責」制度等，都是從西方發達國家引入並結合我國實際加以運用的。今後，在推進國家治理現代化過程中，應繼續發揚「拿來主義」，使國外好的治理經驗為我所用。

　　應當看到，實現國家治理現代化是一個龐大的系統工程，需要經過長期艱苦的努力。黨的十八大以來，我國國家治理現代化加快推進。我們相信，在我們黨的堅強領導下，隨著中國特色社會主義事業不斷發展，隨著我國制度建設不斷推進，我們的制度必將越來越成熟、越來越定型，中國特色社會主義制度的優越性必將進一步顯現，國家治理現代化水準將越來越高。

《人民日報》（2016 年 06 月 22 日　07 版）

中國制度永葆活力之道

孫來斌

　　近年來，越來越多的外國學者將中國的成功歸因於中國特色社會主義制度（以下簡稱「中國制度」）的活力，並對其「創新性」和「變數」充滿好奇。實際上，中國制度是形成有據、創新有道的。獨特的文化傳統、巨大的人口規模、複雜的社會轉型、堅定的價值追求，是推動中國制度形成的重要因素。堅持以實踐基礎上的理論創新推動制度創新，是中國制度創新的內在邏輯。我們黨在帶領人民實現中國夢的過程中，以把制度建設擺在突出位置的高度自覺，辯證把握和處理制度建設中的各種因素與關係，是中國制度永葆活力之道。

在「變」與「不變」的結合中保持制度活力

　　20世紀80年代末以來，世界現代化進程經歷了一系列重大事件：蘇東劇變，蘇聯社會主義現代化模式遭遇失敗；拉美、東南亞等地區發生金融危機，拉美模式、東南亞模式引起反思；西方主要發達國家不同程度地出現再發展危機，特別是2008年發生了席捲全球的國際金融危機，傳統現代化理論的解釋力受到質疑。相形之下，在現代化追趕之路上，中國既沒有走封閉僵化的老路，也沒有走改旗易幟的邪路，而是堅持走中國特色社會主義的新路，創造了後發現代化的「中國奇跡」，奠定了中國制度自信的現實基礎。

然而，在中國制度前進的道路上，還存在經濟發展方式粗放、資源環境約束趨緊、反腐敗鬥爭形勢嚴峻等突出問題，表明中國制度還不是盡善盡美的。我們黨對此有著清醒認識。習近平同志強調：「制度自信不是自視清高、自我滿足，更不是裹足不前、故步自封，而是要把堅定制度自信和不斷改革創新統一起來。」這也表明，「折騰」不是改革的同義語，制度創新不等於「另起爐灶」。我們黨在推進改革創新過程中對改什麼、不改什麼同樣有著清醒認識。中國特色社會主義必須始終堅持，這是制度創新的底線；影響經濟社會發展的體制機制必須改變，這是制度創新的主攻方向。比如，土地制度是國家的基礎性制度，牽涉面廣。黨的十八屆三中全會明確了農村土地制度改革的方向和任務，2015 年中央一號文件強調要堅持土地公有制性質不改變、耕地紅線不突破、農民利益不受損三條底線，並針對存在的問題提出有序推進征地制度改革、宅基地制度改革等。

關於中國制度創新理念，俄羅斯漢學家薩利茨基曾評價說：「鄧小平在這方面居功至偉，他實際上只做了不大的變動。」這一說法對中國制度創新深度、廣度的評價不一定到位，但從制度的自我完善總體屬於量變的角度來看頗有道理。可以說，正是在「變」與「不變」的結合中，中國制度保持了延續性和生命力。

在民族性與開放性的結合中保持制度活力

作為一個歷史悠久的發展中大國，中國在現代化進程中遭遇了諸多轉型難題。從普遍性角度而言，推進現代化會遭遇傳統與現代、城市與鄉村、富裕與貧困等一系列矛盾，稍不注意就會造成社會發展的

斷裂。對於這些矛盾，發達國家積累了一些化解經驗，形成了一些有效的制度設計。我們決不能夜郎自大，而是深知「社會主義要贏得與資本主義相比較的優勢，就必須大膽吸收和借鑒人類社會創造的一切文明成果」。但應看到，中國與外國在歷史與現實、風俗與習慣等方面存在較大差異，學習借鑒他國制度經驗必須從自身實際出發，決不能邯鄲學步。更何況除了普遍性轉型難題，我們還遭遇了公有制與市場經濟、先富與共富以及生產力發展多層次性等獨特性難題。破解這些難題，更不能想像會突然搬來一座制度上的「飛來峰」；只能立足本國實際，依靠自己的力量。正所謂「履不必同，期於適足；治不必同，期於利民」。中國制度之所以行得通、有生命力、有效率，就在於它深深植根於中國社會土壤之中。

　　城鄉關係是世界各國在現代化過程中繞不過去的問題，在中國表現得更加突出、更加複雜。中國的城鄉發展一體化究竟應怎樣進行制度設計？「要堅持從國情出發，從我國城鄉發展不平衡不協調和二元結構的現實出發，從我國的自然稟賦、歷史文化傳統、制度體制出發，既要遵循普遍規律、又不能墨守成規，既要借鑒國際先進經驗、又不能照抄照搬」。習近平同志的重要論述，指明了解決問題的基本遵循。推而廣之，就是「吸收別人好的東西，保持自己好的東西」，在民族性與開放性的結合中保持制度活力。

在民主與民生的結合中保持制度活力

　　中國共產黨的領導是中國特色社會主義最本質的特徵。習近平同志指出：「沒有共產黨，就沒有新中國，就沒有新中國的繁榮富強。

堅持中國共產黨這一堅強領導核心，是中華民族的命運所繫。」中國
有 960 多萬平方公里土地、56 個民族、13 億多人口，如果離開黨的堅
強領導，就會出現一盤散沙甚至分崩離析的局面，中華民族偉大復興
也將化為泡影。在這方面，世界上有許多值得吸取的經驗教訓。一些
轉型國家盲目移植西方多黨制、自由選舉制，結果導致「民主之殤」：
有的改旗易幟，步入歧途；有的水土不服，陷入黨爭之亂；有的引起
內戰，國家四分五裂。

　　人民民主是社會主義的生命。堅持黨的領導與保證人民當家作主
是內在一致的。改革開放以來，我們黨堅持把實現好、維護好、發展
好最廣大人民的根本利益作為制定政策、創新制度的衡量標準，積極
發揮社會主義協商民主的積極作用。制定制度要廣泛聽取意見，這是
中國制度創新的一大特色。「在中國社會主義制度下，有事好商量，
眾人的事情由眾人商量，找到全社會意願和要求的最大公約數，是人
民民主的真諦。」黨的十八大以來，中央為推進有關制度的落地持續
發力，「八項規定」「六項禁令」和中央巡視制度不斷顯現威力，「民
意直通車」「電視問政」等民主新鮮事不斷湧現。美國學者福山通過
比較得出結論：「中國模式具備一些西方民主制度沒有的重要優勢。
在過去十年中，中國人民享有較大的思想和言論自由，政府治理方式
不斷改進，糾錯機制發揮了明顯作用。」

　　對於發展中國家而言，民主與民生構成一對特殊的重要矛盾。離
開民生的民主說教，人民不感興趣。「某國雖然很窮，但民主很發達。」
這種西方民主價值理念的邏輯荒誕性不言自明。制度的設計權如果掌
握在少數人手裡，社會就會出現少數人與多數人的利益阻隔及社會斷
裂問題，陷入「李嘉圖陷阱」。堅持黨的領導，保證人民當家作主，
以最廣大人民的根本利益作為制度設計的出發點，從而實現民主與民

生的良性互動，是中國制度活力的重要源泉。

在公平與效率的結合中保持制度活力

　　政府與市場的關係問題，歷來是國際學術界爭論的焦點。中國制度在此問題上的設計，是在西方經濟理論框架內無法破譯的「中國之謎」。在社會主義實踐中，人們曾長期將馬克思、恩格斯關於未來經濟社會體制的設計當作現實生活的事實，「計畫崇拜」情結嚴重制約了社會主義制度的活力。鄧小平同志將計畫和市場從社會基本制度中剝離出來，賦予其具體制度的屬性，極大地解放了人們的思想。在實踐拓展和認識深化的基礎上，黨的十八屆三中全會提出「使市場在資源配置中起決定性作用和更好發揮政府作用」，表明我們黨對這一問題的認識達到了新高度。

　　世界各國的實踐證明，市場經濟是迄今為止最有效的資源配置方式，但它也存在外部性和失靈問題。近年來，新自由主義在一些西方國家的強力推行下大行其道，所謂「市場搞定一切」的觀點成了某些人的信條。中國制度拒絕「市場萬能論」，在強調市場配置資源決定性作用的同時，明確提出「更好發揮政府作用」。在這樣的制度設計理念下，市場經濟體現效率，政府調節體現公平，兩者的結合將實現公平與效率兼顧。從實際運行看，社會主義市場經濟確實煥發出巨大的經濟社會活力。2008 年國際金融危機爆發以來，我們用社會主義市場經濟成績單向世人展示了中國制度的優勢與活力，贏得了國際社會的肯定。

　　　　　　　　《人民日報》（2016 年 01 月 15 日　07 版）

以制度自信推進國家治理現代化

彭煥才

　　黨的十八大提出全黨要堅定中國特色社會主義制度自信，黨的十八屆三中全會將「完善和發展中國特色社會主義制度，推進國家治理體系和治理能力現代化」作為全面深化改革的總目標，黨的十八屆五中全會進一步強調了制度創新以及推進國家治理體系和治理能力現代化的重要性。在新的歷史條件下，不斷堅定中國特色社會主義制度自信，著力推進國家治理現代化，努力提高運用中國特色社會主義制度有效治理國家的能力，對於堅持和發展中國特色社會主義偉大事業具有重大意義。

　　毫不動搖地堅持中國特色社會主義根本制度和基本制度。推進國家治理現代化，方向至關重要。中國的歷史和現實決定了國家治理現代化的方向只能是社會主義。作為國家治理根本的中國特色社會主義根本政治制度和基本政治制度、基本經濟制度，是在我國歷史傳承、文化傳統、經濟社會發展基礎上長期發展、漸進改進、內生性演化的結果，是歷史和人民的選擇，也是我們堅持國家治理現代化正確方向的根本保障。我們強調制度自信和自覺，最重要的就是在國家治理中堅持和發展中國特色社會主義根本制度和基本制度。同時，以其為核心建構現代國家治理體系，通過各項制度之間的緊密銜接、相互配合，發揮制度體系引領方向、規範行為、整合利益和協調關係的作用，確保國家治理現代化沿著社會主義方向發展。

　　以社會主義核心價值觀引領國家治理現代化。現代國家治理有賴於全體社會成員的共同價值取向保駕護航，需要信仰力量和精神追求的引領支撐。堅定制度自信，推進國家治理現代化，必須將社會主義核心價值觀與國家治理體系和治理能力建設緊密結合，用社會主義核心價值觀凝聚社會共識、引領社會思潮；使社會主義核心價值觀內化於心、外化於行，融入推動中國特色社會主義根本制度與時俱進、基本制度不斷發展、體制機制與法律法規完善進步的進程，成為推進國家治理現代化的精神引領和價值依託。

　　創新發展體制機制及各項具體制度。習近平同志指出，堅定制度自信，不是要故步自封，而是要不斷革除體制機制弊端，讓我們的制度成熟而持久。以制度自信推進國家治理現代化，既要改革不適應實踐發展要求的體制機制、法律法規，又要不斷構建新的體制機制、法律法規；既要積極借鑒人類制度文明的有益成果，又決不照搬他國制度模式。應以更大的政治勇氣和智慧，不失時機深化重要領域改革，攻克體制機制上的頑癥痼疾，突破利益固化的藩籬，努力推動中國特色社會主義制度更加成熟更加定型，為黨和國家事業發展、為人民幸福安康、為社會和諧穩定、為國家長治久安提供一整套更完備、更穩定、更管用的制度體系，進一步解放和發展社會生產力，進一步激發和凝聚社會創造力。

　　不斷提高中國特色社會主義制度績效。提高制度績效是制度自信的核心要素，也是推進國家治理現代化的重要目標。應以提高黨的執政能力為重點，努力提高各級領導幹部科學執政、民主執政、依法執政水準，提高國家機構履職能力，提高各級幹部、各方面管理者的思想政治素質、科學文化素質和工作本領，提高人民依法管理國家事

務、經濟社會文化事務和自身事務的能力，實現國家治理體系有效運轉。提高制度績效，必須著力增強制度執行力，堅持制度執行到人到事到底，執行制度沒有例外，使制度成為硬約束；強化制度落實的過程管理，全方位加強對制度執行的監督，確保制度法規落地生根；提高治理主體之間的協同性，增強多元治理主體按制度辦事、依法辦事的意識和能力。

《人民日報》（2016 年 09 月 30 日　07 版）

第四章

堅持社會主義核心價值體系

加快文化改革發展

雒樹剛

　　黨的十八屆五中全會通過的《中共中央關於制定國民經濟和社會發展第十三個五年規劃的建議》明確提出:「堅定文化自信,增強文化自覺,加快文化改革發展。」我們要認真學習貫徹黨的十八屆五中全會精神和習近平同志系列重要講話精神,順應時代發展潮流,增強改革創新意識,全面加強文化建設,激發全民族文化創造活力,為協調推進「四個全面」戰略佈局和實現中華民族偉大復興的中國夢提供強大文化力量。

繁榮文化精品創作生產

　　優秀精神文化產品反映一個國家和民族的文化創造能力,是衡量和檢驗文化改革發展成效的根本標準。必須著力扶持優秀文化產品創

作生產，加強文化人才培養，繁榮發展文學藝術、新聞出版、廣播影視事業，推出更多傳播當代中國價值觀念、體現中華文化精神、反映中國人審美追求的精品力作。

堅持以社會主義核心價值觀為引領。核心價值觀是決定文化性質和方向的最深層要素，也是優秀精神文化產品的靈魂所在。要彰顯社會主義核心價值觀，聚焦實現中國夢的時代主題，突出思想內涵，詮釋中國精神，展示家國情懷，建設中華民族共有精神家園。努力謳歌真善美、鞭撻假惡醜，傳遞向上向善的價值觀，不斷增強人們的道德判斷力和道德榮譽感，不斷豐富人們的精神世界。

推動思想性、藝術性、觀賞性有機統一。藝術只有貫注思想、蘊涵精神，具備鮮明的個性和獨特的風格，才能具有永恆的生命力和真正的價值，才能為人民群眾所喜聞樂見。要堅持以人民為中心的創作導向，深入社會生活，貼近基層群眾，創作出更多無愧於時代的優秀作品。鼓勵藝術創新創造，提倡題材體裁多樣，進一步釋放文化創作潛力，不斷提高作品原創能力，努力把深刻的思想內涵、豐富的知識信息與完美的藝術形式有機結合起來，增強作品的吸引力和感染力。

加強對文化產品創作生產的引導。深入實施文化精品創作工程，重點扶持重大革命和歷史題材、現實題材、農村題材、少兒題材的創作生產，並加大推廣力度。完善文化產品評價體系和激勵機制，宣導積極健康的文藝批評，改革和規範文藝評獎工作，合理設置反映市場接受程度的發行量、收視率、票房收入等量化指標，確保始終把社會效益放在首位，實現社會效益和經濟效益相統一。

傳承弘揚中華優秀傳統文化

中華文化是中華民族區別於其他民族的獨特精神標識，是加快文化改革發展的寶貴資源。必須深入貫徹落實習近平同志關於推動中華優秀傳統文化創造性轉化和創新性發展的基本方針，對傳統文化做到「揚棄繼承、轉化創新」，讓中華優秀傳統文化擁有更多的傳承載體、傳播渠道和傳習人群，使中華民族最基本的文化基因與當代文化相適應、與現代社會相協調。

實施中華文化傳承工程。堅持保護利用、普及弘揚並重，切實加大對中華優秀傳統文化的保護、研究、普及力度。加強對中華優秀傳統文化思想價值的挖掘，賦予其新的時代內涵。廣泛開展中華優秀傳統文化宣傳普及，抓好中華文化經典選編和名家品讀等重點專案。加強政策扶持和人才培養，振興傳統工藝。做好古代典籍文獻整理、出版工作，全面推進修史修志，推進國家典籍資源數字化。探索用好用活歷史文化瑰寶的途徑辦法，讓收藏在博物館裡的文物、陳列在廣闊大地上的遺產、書寫在古籍裡的文字都活起來。

全面加強文化遺產保護工作。堅持把保護文化遺產放到更為重要的位置，切實保護中華民族賴以生存發展的文化根基。加強國家重大文化遺產地、重點文物保護單位、歷史文化名城名鎮名村等保護，健全文物普查登記和安全管理制度，提高文物安全防範能力，引導規範民間收藏，推動文物由搶救性保護向預防性保護轉變。建立完備的非物質文化遺產保護制度，對代表性傳承人實施扶持計畫，對具有一定市場前景的遺產項目實施生產性保護，加大西部地區和少數民族非物質文化遺產保護力度，統籌國家級文化生態保護區建設。

振興和發展民族民間文化。堅持以廣大農村和基層為重點，大力發展植根群眾的民族民間文化。把傳承弘揚優秀民族民間文化融入新型城鎮化和新農村建設總體規劃，發展有歷史記憶、地域特色、民族特點的美麗城鎮、美麗鄉村。發揮傳統節日的文化傳承功能，廣泛開展健康有益的民俗文化活動，打造一批民間文化藝術之鄉。完善落實有關扶持政策，加強對民間文學、民俗文化、民間音樂舞蹈戲曲、少數民族史詩等的搶救，實施地方戲曲振興工程，使優秀傳統文化活起來、傳下去。

推動基本公共文化服務標準化、均等化發展

構建現代公共文化服務體系，是保障人民群眾基本文化權益、提高社會文明程度的重要制度設計，也是推動社會主義文化大發展大繁榮的必然要求。必須堅持政府主導、社會參與、共建共用，推動基本公共文化服務標準化、均等化，力爭到「十三五」末，基本建立覆蓋城鄉、便捷高效、保基本、促公平的現代公共文化服務體系。

推進公共文化服務設施網絡建設。設施網絡是推進基本公共文化服務標準化、均等化的基礎條件和基本載體。按照城鄉人口發展和分佈，合理規劃建設各類公共文化設施，統籌建設集宣傳文化、黨員教育、科技普及、普法教育、體育健身等多功能於一體的基層公共文化服務中心，配套建設群眾文體活動場地。堅持設施建設和運行管理並重，深入推進國家公共文化服務體系示範區創建，健全公共文化設施運行管理和服務標準體系。積極探索「互聯網＋公共文化服務」的有效模式，推進公共文化服務數字化網絡化建設。

引導文化資源向城鄉基層傾斜。公共文化服務的對象主要在城鄉基層，難點和短板在老少邊窮地區。堅持重心下移，著力加強農村和中西部地區公共文化服務體系建設，逐步縮小城鄉文化發展差距。增加農村文化服務總量，拓展重大文化惠民專案服務「三農」內容，鼓勵城市對農村進行文化幫扶。結合國家扶貧開發工作，編制和實施老少邊窮地區公共文化服務體系建設發展規劃綱要，加大資金、專案、政策傾斜力度。

創新公共文化服務方式。適度引入市場機制，促進公共文化服務提供主體和提供方式多元化。建立基層群眾需求徵集、服務評價回饋等方面機制，推行菜單式服務，開展群眾滿意度測評，使群眾「要」文化和政府「送」文化更加匹配。深化公益性文化事業單位內部改革，推動圖書館、博物館、文化館、科技館等組建理事會，完善治理結構，提高服務能力。加大政府購買服務力度，鼓勵社會力量、社會資本提供公共文化服務。

推動文化產業成為國民經濟支柱性產業

發展文化產業，是市場經濟條件下滿足人民多樣化精神文化需求的重要途徑，也是適應經濟發展新常態、加快轉變經濟發展方式的重要舉措。必須始終堅持把社會效益放在首位、社會效益和經濟效益相統一，發展骨幹文化企業和創意文化產業，培育新型文化業態，擴大和引導文化消費，努力構建結構合理、門類齊全、科技含量高、富有創意、競爭力強的現代文化產業體系。

推動文化產業結構優化升級。提高文化產業發展品質和效益，

必須積極調整優化文化產業結構，走規模化集約化專業化的路子。以文化內容創作生產傳播為核心，做強做優做大宣傳文化主業。加快培育骨幹文化企業，推動跨地區跨行業跨所有制兼併重組，促進文化資源、要素向優質企業、優勢產業門類集聚。大力推進文化科技創新，改造提升傳統文化產業，積極搶佔文化與科技、文化與金融、文化與相關產業融合發展的制高點。

完善現代文化市場體系。發揮市場在文化資源配置中的積極作用，必須加快建立統一開放、競爭有序、誠信守法、監管有力的現代文化市場體系。建立多層次文化產品和要素市場，促進文化資源在全國範圍流動，打造綜合性、專項性、區域性文化產品和服務交易平臺，提高文化消費規模和水準。完善市場准入和退出機制，積極鼓勵社會資本投資政策法規許可的文化產業。加強和改進文化市場綜合執法，深入開展「掃黃打非」，加強文化行業組織和仲介機構建設，加大智慧財產權保護力度。

完善兩個效益相統一的體制機制。堅持把社會效益放在首位、實現社會效益和經濟效益相統一。推動文化企業建立有文化特色的現代企業制度，形成體現文化企業特點、符合現代企業制度要求的資產組織形式和經營管理模式。探索建立黨委和政府監管有機結合、宣傳部門有效主導的國有文化資產管理模式，推動管人管事管資產管導向相統一。在新聞出版傳媒領域探索實行特殊管理股制度試點，利用經濟和法律手段創新管理，確保正確輿論導向。完善和落實文化經濟政策，發揮政策的兜底作用，確保文化企業既活得好又走得正。

提高文化開放水準

擴大文化領域對外開放，是提升中華文化國際影響力的迫切需要。必須堅持政府主導、企業主體、市場運作、社會參與，構建全方位、多層次、寬領域的文化對外開放格局，廣泛參與世界文明對話，積極吸收借鑒國外優秀文化成果，創新對外傳播、文化交流、文化貿易方式，推動中華文化走出去，不斷提高國家文化軟實力。

加強國際傳播能力和對外話語體系建設。傳播力決定影響力，話語權決定主動權。加快構建技術先進、傳輸快捷、覆蓋廣泛的現代傳播體系，推動傳統媒體與新興媒體融合發展，支援重點媒體面向國內國際發展，打造國際一流媒體。積極打造融通中外的新概念新範疇新表述，形成富有吸引力和感染力的中國話語，講好中國故事，傳播好中國聲音，更好地塑造國家形象，營造於我有利的國際輿論環境。

深化人文交流。文化交流是心靈溝通的橋樑，也是一種「柔性」外交。切實提高對外文化交流水準，做大做響感知中國、歡樂春節等文化品牌，加強深層次、多樣化、重實效的思想情感交流。完善人文交流機制，把政府交流與民間交流結合起來，擴大對外文化交流的參與面。加快推進海外中國文化中心和孔子學院建設，搭建展示和體驗並舉的綜合平臺。

加快發展文化貿易。文化產品「賣出去」有時候比「送出去」更容易被海外接受。完善政策保障，進一步扶持文化出口重點企業和重點項目，支持更多有經濟實力、貿易經驗的民營企業從事文化貿易，加強國際文化產品交易平臺和國際行銷網絡建設，辦好中國（深圳）

國際文化產業博覽交易會等國際性展會，不斷擴大我國文化產品和服務在國際市場的份額。針對國外受眾特點和文化消費習慣，開發既有中國風格又適銷對路的文化產品，為文化產品走出去搭建翻譯平臺。

《人民日報》（2015 年 11 月 26 日　07 版）

從紅色文化中汲取精神動力

張全景

在 90 多年革命、建設、改革的偉大實踐中，中國共產黨帶領人民創造了獨特的紅色文化 紅色代表著希望、勝利、創造、勤勞、勇敢、自力更生、艱苦奮鬥、不怕流血犧牲等，是中國共產黨價值追求和中華民族精神內涵最生動的象徵。正因為有了中國共產黨、有了紅色文化，中華民族才逐步從鴉片戰爭後迷茫委頓、備受欺凌的狀態中掙脫出來，實現了由落後衰敗走向繁榮富強的偉大轉折。在實現中華民族偉大復興中國夢的征程中，大力弘揚紅色文化，從中汲取昂揚奮進、團結拼搏的精神動力，具有重要現實意義。

紅色文化是馬克思主義基本原理同中國具體實際相結合的精神結晶，是對中華優秀傳統文化和世界優秀文化的繼承、發展與創新。它彰顯馬克思主義的先進性、真理性，是中國共產黨的信仰、制度、作風、道德、革命精神、革命傳統等的綜合體現，具有鮮明的民族性、科學性、大眾性。

習近平同志強調，一個國家、一個民族的強盛，總是以文化興盛為支撐的，中華民族偉大復興需要以中華文化發展繁榮為條件；要不斷豐富人民精神世界、增強人民精神力量，不斷增強文化整體實力和競爭力，朝著建設社會主義文化強國的目標不斷前進。這些重要論述，為新時期社會主義文化建設提出了要求、指明了方向。在各種文化中，紅色文化以其鮮明的政治立場、崇高的價值取向、深厚的群眾基礎、

堅決的奮鬥精神等，為實現中華民族偉大復興提供強大精神動力。

　　當前，尤其應注意發揮紅色文化在意識形態工作中的作用。一個時期以來，西方敵對勢力竭力對我國進行思想文化滲透。他們否定我們黨的指導思想和社會主義道路，鼓吹所謂「普世價值」、資產階級「民主憲政」，挑起事端，製造民族分裂，妄圖使我們改旗易幟。對此，我們必須保持高度警惕。紅色文化百煉成鋼，是抵禦西方腐朽反動思想文化侵蝕、防止「和平演變」的利器。應充分認識其內涵、意義，切實用好這一思想武器。

　　弘揚紅色文化，最根本的是認真學習馬克思列寧主義、毛澤東思想，重點把握列寧所講的馬克思主義的三個來源與三個組成部分、恩格斯所講的馬克思一生的兩大發現即唯物史觀和剩餘價值學說、毛澤東同志的系列論著。同時，要與學習中國特色社會主義理論體系、學習習近平同志系列重要講話結合起來，掌握識別真偽的武器，從思想上武裝起來，增強建設中國特色社會主義的思想自覺和行動自覺。堅持黨的基本路線，堅持四項基本原則，同形形色色的錯誤思想進行堅決鬥爭，保持全黨全國各族人民思想認識的清醒和統一，齊心協力、共同奮鬥。

　　弘揚紅色文化，還要高度重視對青年一代的教育引導。應通過加強革命歷史、傳統文化、國情社情等愛國主義教育，幫助青年一代樹立正確的世界觀人生觀價值觀，堅定正確的理想信念，提高明辨是非的能力，築牢抵禦拜金主義、享樂主義、極端個人主義等腐朽思想侵蝕的思想道德防線，成為中國特色社會主義事業的合格建設者和可靠接班人。

　　　　　　　　　　《人民日報》（2015 年 11 月 13 日　07 版）

中國軟實力的特色與力量

張國祚

軟實力概念由美國哈佛大學教授約瑟夫・奈於 20 世紀 90 年代提出，傳播到我國已有 20 多年。「橘生淮南則為橘，生於淮北則為枳」，軟實力吸收了中華文化的水土和陽光雨露後，不僅充滿生機，而且呈現出鮮明的中國特色，形成了自己的獨特力量。

中國軟實力具有「以文化天下」的特色

強調中國特色，絕非人為地劃定一條狹隘的民族主義界限。人類文明總是在各民族文化相互碰撞、相互交織、相互借鑒、相互吸收中向前發展的。但軟實力作為上層建築，不可能不受特定國家的經濟基礎、政治制度、國家利益所制約，不可能不具有意識形態屬性，不可能不形成有別於其他民族和國家的特色。由此，中國軟實力建設必然會也應該「以我為主，為我所用」。黨的十七大提出文化軟實力概念，是中國軟實力打造自己特色的一個重要標誌，彰顯了中國軟實力「以文化天下」的情懷。十八大以來，習近平同志關於「夯實國家文化軟實力根基」「傳播當代中國價值觀念」「展示中華文化的獨特魅力」「樹立當代中國國家形象」「提升中國國際話語權」等一系列重要論述，則是中國文化軟實力建設「以我為主，為我所用」的集中體現。綜合來看，中國文化軟實力是對西方軟實力的實質性改造和創新。

改變了軟實力的宗旨。美國把軟實力作為推行霸權主義和強權政治的一個重要手段。中國則把提高文化軟實力作為增強綜合國力和國際影響力的重要途徑：對內，是為了加強社會主義核心價值觀建設，弘揚中華優秀傳統文化，培育高尚思想道德，增強全黨、全軍、全國人民的凝聚力；對外，是為了傳播中國的立場和聲音，樹立良好的國際形象，營造良好的國際環境，推動構建和平、和諧、合作的世界。

拓展了軟實力的內涵。中國不再把軟實力限定為文化的吸引力、制度和價值觀的吸引力、掌握國際話語權的能力，而是使之涵蓋除物質硬實力以外的精神、智慧、情感的力量，主要包括文化的吸引力、語言的說服力、理想的感召力、精神的鼓舞力、智慧的創造力、道德的感染力、理論的指導力、輿論的引導力、藝術的征服力等。

建構了新的理論體系。中國不再一般地談論軟實力，而是在軟實力前面冠以文化二字，使文化成為軟實力的核心詞；不再把文化同構成軟實力的其他要素並列，而是確立文化在軟實力中最高層次的定位，強調文化對軟實力其他要素的引領作用。這是因為制度、價值觀、掌握國際話語權、外交謀略等軟實力要素，無不深受文化的制約和影響。

中國文化軟實力的理論和實踐力量

中國文化軟實力不僅超越了軟實力概念提出者最初的思想界域，具有鮮明的中國特色，而且表現出巨大的理論和實踐力量。

明晰軟實力概念，為軟實力的範疇規劃、理論深化及系統研究奠定基礎。軟實力概念雖是約瑟夫·奈最先提出的，但他對軟實力並

未給出清晰、明確、一以貫之的定義。中國學者相對於硬實力，對軟實力作出了清晰、明確、科學的定義。他們把硬實力界定為一切有形的、可以量化的力量，表現為資源、物質、強制性力量的實力；把軟實力界定為所有無形的、難以量化的、非強制性力量的實力，體現為吸引、凝聚、感召、動員、說服、誘導、感染、共鳴、同化等影響人心的作用。

　　拓展軟實力戰略目標，向外助力國際政治博弈、向內助力思想道德和精神文明建設。在中國人看來，任何國家都需要「兩條腿」走路，「一條腿」是物質硬實力，另「一條腿」就是文化軟實力。如果物質硬實力不行，有可能一打就垮；但文化軟實力不行，就可能不打自垮。中國發展軟實力，不但著眼在國際上樹立良好形象、掌握國際話語權；更著眼在國內統一思想、凝聚人心、堅定理想信念、樹立良好道德、提高民族素質、弘揚光榮傳統、宣導愛國主義等，有著更為豐富的戰略目標。

　　發揮文化在軟實力中的重要作用，提升軟實力的高度、拓展軟實力的廣度和深度。西方學者往往把軟實力表述為文化、價值觀、制度、政策、掌握國際話語權的能力等。而中國人認為，文化在軟實力中具有不可替代的特殊地位，是軟實力的靈魂和經緯，不應和其他要素並列。所謂靈魂，指文化的價值取向決定著軟實力的發展方向、宗旨和思路；所謂經緯，指文化因素滲透到軟實力的各個方面、各個環節、各個邏輯鏈條中。沒有文化高度的軟實力是短視的，因為它站位低，不會有什麼遠見；沒有文化深度的軟實力是膚淺的，因為它淺嘗輒止，不會有深刻的見解；沒有文化廣度的軟實力是狹隘的，因為它視野狹窄，難以總攬全域，難免坐井觀天，會漸趨僵化甚至消亡。

　　強調中華優秀傳統文化是文化軟實力的根基所繫、優勢所在，彰顯中國文化軟實力的獨特優勢。中華文化源遠流長，是中華民族的根、脈和魂，是中國文化軟實力最深厚的根基。其中許多精華具有跨越時空、超越國度的價值和意義，如講仁愛、倡忠勇、敬廉潔、譽氣節、崇智慧、申正義、重民本、守誠信、尚合和、求大同等價值理念。這些理念一旦被賦予新的時代內涵，就會成為增強文化軟實力的巨大正能量。優秀傳統文化是中國的特有優勢，這一點就連約瑟夫·奈也不得不承認。他說，軟實力概念雖然是他提出的，「但並不具有美國特色，中國古人對軟實力很早就有深刻的理解和嫻熟的運用」。可見，深入發掘、梳理、提煉、昇華、弘揚中華優秀傳統文化，是提高中國文化軟實力不可或缺的重要任務。

　　堅持以人為本原則，有助於全面提高人的思想文化道德素質。西方學者大都把軟實力作為國際戰略、外交權謀，卻忽視人在軟實力中的地位和作用。在中國學者看來，人對軟實力的消長發揮著決定性的作用。提高文化軟實力，必須堅持以人為本的原則。提升國家文化軟實力，關鍵在於堅持以人為本，全面提高人的思想文化道德素質，包括人的道德、品格、情操、意志、理想信念、價值取向、人文修養、藝術品位、思維方法、智慧能力等。

　　強調核心價值體系、核心價值觀在文化軟實力建設中的基石作用，有助於增強國家和民族凝聚力。任何民族、任何國家最長久、最深厚的發展動力，都源自其所尊崇的核心價值體系與核心價值觀。國家文化軟實力突出體現在民族凝聚力上，而民族凝聚力的強弱則取決於其核心價值體系與核心價值觀在國民中的認同度。社會主義核心價值體系與社會主義核心價值觀深入人心的過程，也是中國文化軟實力

形成和發揮作用的過程。因此，提高中國文化軟實力的第一要務，就是堅持以馬克思主義為指導，加強社會主義核心價值體系建設，培育和踐行社會主義核心價值觀。約瑟夫‧奈在闡釋自己的軟實力理論時，總是把美國的價值觀作為美國軟實力強大、「註定領導世界」的理由，並欲向別國推廣。顯然，這種觀點和做法是很多國家所不能接受的。

近年來，研究中國且對中國友好的西方學者越來越多，但中國的事還得多問中國人怎麼看、怎麼說。我們既要有博大的胸襟和寬廣的眼界、從容聽取外國人的不同聲音，更要有骨氣和底氣，堅持道路自信、理論自信、制度自信、價值觀自信。在軟實力上，我們也要有自信，堅信中國文化軟實力已初步形成自己的鮮明特色和力量。

《人民日報》（2015 年 03 月 16 日　16 版）

比較文明視野下的中國文明特色

張國剛

　　人類的文明就像流動的河流，源頭的不同、河谷的差異塑造了不同河流沿途的景觀。軸心時代世界文明大體可分成三種不同類型：以中國為代表的東方文明，重視國家治理體系的構建；以歐洲為代表的西方文明，重視科學與哲學知識系統的構建；南亞、西亞、北非的中近東文明，是世界三大宗教的發源地。不同類型的文明，其知識體系之所以表現出不同的偏好，同其走過的道路、秉承的歷史傳統密切相關。那麼，在比較文明視野下，中國文明具有哪些特色呢？

　　從國家治理角度看，中國「大一統」的國家秩序濫觴於三代歷史深處、形成於春秋戰國、成熟於秦漢。中國國家治理結構的基層基礎是編戶齊民、鄉里保甲等，其上的以郡縣制（府州縣制）為基礎的地方政府是中央集權政府的代理機關。職業官員是通過選拔制度（察舉、徵辟、科舉等）選拔出來的，國家財政來源於發達的賦稅體系。中國的這種國家治理機制有兩千多年的傳統，在一些學者看來具有現代國家的特徵，而同類政治制度在西方產生發展只有二三百年歷史。近代以前，世界上許多地方的國家治理甚至是以酋長制、部落長老制為主。

　　從經濟生活角度看，中國具有悠久的面向市場的商品經濟傳統。我們常說古代中國政府重農抑商，但這並不意味著古代中國商業不發達。正因為商品經濟會大幅促進經濟發展，商業的發展又會造成巨大的貧富差距，所以在農業經濟時代，當貧富差距嚴重到一定程度，政

府就會出面干預，是為「重農抑商」。其實，這恰好從另一角度說明了古代中國商品經濟的繁盛程度。中國從唐朝就有匯兌、匯票，宋代出現了世界上最早的紙幣交子，而西方最早的紙幣發行比宋代交子晚了六七百年，比通行全國的「大明寶鈔」也晚了三百多年。

從社會制約機制角度看，中國古代形成了重視道德約束的獨特社會制約機制。在社會長期發展過程中，人類文明構建了一系列社會制約機制──法律、道德、宗教。法律從國家層面、道德從社會層面、宗教從個人層面來制約人的本性。法律、道德、宗教，他律、自律、戒律，這三重機制在不同民族、不同國家中的地位和作用是不一樣的。西方社會法制比較健全，約束比較剛性，國家運作的基礎就是法律；南亞、西亞、北非等地區宗教對世俗社會的約束力最強；中國人重視道德對個人行為的約束，講孝悌、忠恕、克己，這與中國人對人性的理解有關。中國傳統社會對人的約束更多依靠道德，即以德為先。西方的道德以宗教為基礎，中國的道德以家庭中的倫理關係為基礎，其核心是「孝」，所謂「孝，德之本也」。

在西方殖民主義擴張之前，中國文明長期在一個相對獨立的地理環境中生存和發展。由於地理環境相對獨立，三代、秦、漢、唐、宋、元、明、清王朝不斷更迭，儘管中間有蒙古族、滿族等少數民族在內地建立政權，但最後都融合在中國主體文明中。所以，中國歷史上有王朝危機、政治危機，但從來沒有發生過文明危機，中國文明的自信、中國文明的源遠流長跟這有很大關係。

在經濟全球化過程中，人類面臨諸多共同挑戰。我們應該用自己的經驗和探索為當代人類關注的諸多共同命題注入更加豐富的意蘊，對諸如「民本與民主」「自由與秩序」「市場與調控」「個體與群體」

「人權與發展權」等關係作出屬於中國的說明。只有認真總結這些「中國特色」，才能把握中國文明區別於其他文明的獨特價值取向。也只有認清什麼是真正的「中國特色」，才能增強我們的文化自信，幫助我們在撲朔迷離的經濟全球化浪潮中更好地理解現實、展望未來，理直氣壯地走符合國情的中國道路。

《人民日報》（2016 年 04 月 27 日　07 版）

第五章

打造共建共治共用的社會治理格局

堅持黨的領導　構建新型基層治理體系

中共四川省委理論學習中心組

黨的十八大以來，習近平同志從黨和國家事業發展全域的高度，多次對推進國家治理體系和治理能力現代化作出重要論述，強調推進國家治理體系和治理能力現代化的基礎性工作在基層，要把加強基層黨的建設、鞏固黨的執政基礎作為貫穿社會治理和基層建設的一條紅線。近年來，四川省委深入學習貫徹習近平同志系列重要講話精神，以黨的建設引領基層治理創新，堅持分類調研、分類施策，系統謀劃推進農村基層、產業園區、社會組織、國有企業、高等學校、城鎮社區、黨政機關等7個領域黨的建設，堅持在黨的領導下構建新型基層治理體系，推動基層從傳統管理向現代治理轉變。

以黨的建設引領基層治理創新

黨的建設歷來與黨的事業緊密相連，黨和人民的事業發展到什麼

階段，黨的建設就要推進到什麼階段。當前，我們黨正在為實現「兩個一百年」奮鬥目標和中華民族偉大復興的中國夢而努力奮鬥，擺在我們面前的一項重大歷史任務就是推動中國特色社會主義制度更加成熟更加定型，推進國家治理體系和治理能力現代化。黨的建設必須緊緊圍繞這一重大歷史任務來謀劃推進，以黨的建設科學化促進國家治理現代化。

　　基層治理是國家治理的基石，基層治理現代化程度直接影響國家治理現代化水準。四川省委高度重視基層黨的建設和基層社會治理，鮮明提出「落實到基層、落實靠基層」的理念，採取有力措施大抓基層、打牢基礎，助推治蜀興川各項事業發展。但也要看到，四川正處於決戰全面小康、建設經濟強省的關鍵階段，經濟社會發展轉型給基層治理帶來許多矛盾和問題，迫切需要發揮黨的建設的獨特優勢，以黨的建設引領基層治理創新，把黨的政治優勢和組織優勢轉化為治理優勢。四川省委認為，貫徹落實以習近平同志為核心的黨中央治國理政新理念新思想新戰略，必須建立清晰的目標引領體系、科學的工作指導體系、有效的話語體系，把新理念新思想新戰略的真理力量轉化為實踐力量；提高黨的執政能力，必須推動黨的領導體制和工作方式主動適應經濟社會發展變化，加快形成引領經濟發展新常態的體制機制；夯實黨的執政基礎，必須凝聚共識、健全組織、爭取人心，厚植黨執政的思想基礎、組織基礎和群眾基礎，使黨的執政根基堅如磐石；提高黨的建設科學化水準，必須拓展黨的建設的內涵，推動思維觀念、工作內容、方式方法與時俱進，不斷增強全面從嚴治黨的系統性、創造性、實效性。在此背景下，四川省委結合實際貫徹落實中央精神，堅持在黨的領導下構建新型基層治理體系。

新型基層治理體系的總體框架是「堅持黨的領導、構建四個體系」

　　堅持在黨的領導下構建新型基層治理體系，總體框架是「堅持黨的領導、構建四個體系」，即以堅持黨的領導為根本，以科學的組織動員體系、法治的管理運行體系、精準的引領服務體系、嚴格的權責約束體系為主要內容，著力把黨的政治優勢和組織優勢轉化為基層治理優勢，引領傳統管理向現代治理轉變。其中，堅持黨的領導是貫穿基層治理的主線，組織動員體系是基礎，管理運行體系是關鍵，引領服務體系是重點，權責約束體系是保障，它們共同構成基層治理的頂層設計，構成一個嚴密的邏輯體系。

　　堅持黨的領導為根本，確保黨始終成為基層治理的堅強領導核心。堅持黨的領導是當代中國最重要的政治原則，這一點必須鮮明體現在基層治理中。在推進基層治理創新中，我們從制度安排上保證黨組織充分履行職能、發揮核心作用，引領基層治理的正確方向。一是把黨組織的領導地位法定化。按照黨章黨規和國家法律規定，結合各領域實際，以法定形式逐一明確黨組織領導核心、政治核心地位。比如，落實國有企業黨組織在公司法人治理結構中的法定地位，把黨建工作要求寫入公司章程；在社會組織登記成立時指導其建立黨組織，在年檢年審、等級評估時把黨建工作作為評價指標。二是把黨組織核心作用的內涵具體化。對各領域黨組織發揮領導核心和政治核心作用的內容作出明確規定，增強黨組織核心作用的指向性和可操作性，解決黨組織核心作用籠統化問題。比如，明確高校黨委對學校工作實行全面領導，承擔管黨治黨、辦學治校主體責任，把方向、管大局、作

決策、保落實，使高校成為堅持黨的領導的堅強陣地。三是把黨組織
發揮作用的途徑制度化。各領域都健全議事規則、決策程序，明確規
定各類黨組織參與決策的程序和要求，確保黨組織核心作用落地落實。
比如，在國有企業，明確黨組織研究討論是董事會、經理層決策重大
問題的前置程序。

　　著力構建科學的組織動員體系，調動一切積極因素參與基層治理。
馬克思主義政黨的力量源於組織。我們在推進基層治理中，堅持一手
抓黨的組織體系建設，促進黨的組織全覆蓋；一手抓黨組織政治功能
的發揮，讓黨組織大力宣傳群眾、動員群眾、組織群眾，整合各方資
源參與基層治理。一是在人口流動和組織形態變化中不斷擴大黨組織
覆蓋面。主動適應工業化、城鎮化帶來的行政區劃、人口分佈、管理
層級、治理結構等方面的變化，大力推進各領域黨組織擴大覆蓋面。
比如，在產業園區構建園區黨工委、黨群工作部、基層黨組織一體化
的組織體系；在社區推進黨組織進商務樓宇、特色街區、專業市場，
建立網格黨小組、樓院黨小組、功能黨組織。二是在社會主體的利益
分化中提升黨組織的整合功能。在社會深刻轉型和變遷的大背景下，
注重通過黨組織的組織功能來有效整合社會群體，依託黨的組織體系
整合公共服務資源，將社會分散、多元的要素納入基層治理框架，把
具有不同價值取向的多元主體凝聚起來，增強黨組織動員群眾的能
力、協調利益的能力、化解矛盾的能力。三是在突出價值引領中增強
黨組織動員能力。在各領域深入開展學習習近平同志系列重要講話精
神和治國理政新理念新思想新戰略活動，廣泛開展社會主義核心價值
觀教育、中國夢主題教育、先進典型宣傳教育，引導社會思潮、構建
先進文化、塑造社會倫理，凝聚信念共識、制度共識、政策共識。

　　著力構建法治的管理運行體系，把各項事務納入法治化規範化軌道。社會治理現代化的顯著特徵是依法治理。堅持治蜀興川重在屬行法治，用法治思維和法治方式構建新型基層治理體系，用法治規範各類治理主體之間的關係，既保持社會穩定有序，又使社會充滿活力。一是建立統一規範的管理體制。針對一些領域管理體制落後問題，探索建立與發展階段、戰略定位和實際需要相適應的領導體制和管理模式，著力理順管理體制機制。比如，在社會組織中建設社會組織工委、社會組織綜合黨委、社會組織黨組織，形成縱向貫通的領導和指導管理體制。二是建立協調運轉的工作機制。對各領域治理主體之間的職責邊界和事權劃分作出明確規定，構建權力分配合理、職責清晰明確、高效協調運行的機制，解決基層治理中「缺位」「越位」「錯位」問題。比如，在國有企業厘清黨組織與其他治理主體的關係，建立黨委發揮核心作用、董事會依法決策、經營層自主經營、監事會照章監督、職代會民主管理監督的公司治理機制。三是建立多方參與的治理機制。著眼於形成基層治理合力，建設多元主體合作、多種方式並舉、多類資源聯動的共治體系，形成具有開放性、包容性的治理格局。比如，在社區建立黨組織領導、基層自治、區域共建共用、法治德治結合的共治體系，運用多種手段和力量推進社區治理。四是建立完備有力的法治保障。用法治規範用權行為、規範組織活動、規範社會秩序，深入開展法律「七進」活動，完善村規民約、市民公約、行業章程、團體章程，推動形成多層次多樣化的社會治理規則體系，促進各領域治理在法治軌道上運行。

　　著力構建精準的引領服務體系，不斷增強人民群眾的獲得感。全心全意為人民服務是我們黨的根本宗旨。只有抓住真實的民意、提供

精準的服務，才能給群眾帶來更多獲得感。新形勢下，群眾需求個性化、行業領域差異化、利益訴求複雜化特點日益突出，服務群眾不能大而化之、籠而統之，必須大力開展精準服務，回應好不同群眾的訴求。一是健全服務體系與滿足群眾多元需求精準對接。分級建立黨群服務中心，健全信息化服務平臺，推行基層幹部為民服務全程代辦制度，促進黨組織服務觸角向廣度拓展、服務效能向優質提升。二是聯繫服務群眾與凝聚黨心民心精準對接。在各行業廣泛開展「共產黨員示範行動」，在機關開展「走基層」「雙報到」活動，在農村完善部門包村、幹部駐村、結對幫扶制度，在社區開展「雙聯」、志願服務等活動，讓基層幹部帶好頭，讓基層黨組織服好務，不斷提升黨組織的影響力、凝聚力。三是引領社會組織發展與傳導黨的執政理念精準對接。面對社會組織蓬勃發展的態勢，把樞紐型社會組織作為重點培育對象，把社會組織納入基層治理體系之中，引導社會組織在服務中傳導黨的執政理念，讓社會組織成為黨在基層服務群眾的重要資源。

著力構建嚴格的權責約束體系，壓緊壓實治理主體責任。權與責的關係是從嚴治黨中極為重要的一對關係。我們堅持有權必有責、有責要擔當，用權受監督、失責必追究，健全權責約束體系，督促治理主體守土負責，提高基層治理實效。一是推行權責清單管理制度。在各領域普遍建立權力清單、責任清單，逐一明確基層黨組織、行政組織、經濟組織、自治組織、群眾組織和社會組織等參與基層治理的權利和責任。二是健全權力監督機制。完善市縣和鄉鎮黨委工作運行規則，推行各級領導班子主要負責人不直接分管財務、工程項目、物資採購制度，建立領導班子重大決策全程紀實制度，強化重點領域和關鍵環節監督。三是完善考核評價機制。針對不同領域黨組織實際，

設置差異化的考核指標，完善黨組織書記抓黨建工作聯述聯評聯考機制，健全考核問責辦法，建立更加嚴格規範的治理責任考評和追責機制。

《人民日報》（2017 年 01 月 19 日　07 版）

制度是用來信任和執行的不是用來
迷信和「買單」的

辛　鳴

　　現在，社會上有些人不管碰到什麼問題，總要歸結到制度體制上，「體制障礙」「制度缺陷」成了他們推脫責任的擋箭牌。崇尚制度、相信制度是對的，這也是現代社會文明進步的標誌，但崇尚不能變為崇拜，相信不能變為迷信。動輒就把制度當作「替罪羊」，是在推卸作為制度主體的人的責任，指望制度包打天下更是不切實際的懶漢思維，在實踐中不利於制度建設。

　　古語講「徒法不足以自行」，制度同樣如此。任何制度要起作用、要發揮功能，都離不開作為制度主體的人的參與配合。沒有相應的制度意識及社會氛圍，沒有人的接受、認同、遵循，制度就是一紙空文，就是沒牙的老虎。這些年，我們的制度制定了不少，從宏觀的基礎性制度到微觀的條例章程，大到國家社會層面的制度安排，小到鄰里家庭的公約守則，可謂涉及方方面面，但許多制度作用的發揮並不盡如人意，有些制度甚至名存實亡。制度哲學把這種現象叫「制度空轉」：看起來制度在那裡努力地做功，但就是對現實社會產生不了影響，因為沒有人在意它、維護它，更沒有人遵守它。

　　也許有人會說，制度就是剛性規範，只要我們把制度內容寫得明明白白，把制度條文定得沒有漏洞，做到科學嚴密，怎麼會有人敢公然挑戰制度的權威？從道理上講，此話不假，但就制度運行的歷史與

現實來看，這實在是一廂情願。

其實，人與制度的博弈貫穿人類社會制度演化的全過程。在遵守制度中對付制度，在既定制度框架下琢磨趨利避害的策略，運用正當合法的程序讓制度變革導向有利於自己的軌道等，這些行為都是現實社會中制度演化運行的常態。我們經常聽到的一些民間俗語，像「上有政策，下有對策」「見了黃燈趕快走，遇到紅燈繞著走」等，其實就是對客觀存在的人與制度博弈關係的形象表達。

退一步講，就算人們主觀上真想不折不扣遵守制度，不去打什麼「擦邊球」，不去刻意「鑽制度的空子」，也會發現制度事實上是有「邊」的，制度不可能沒有「空子」。所謂制度，「制」是邊界，「度」是空間。任何制度都有它的適用範圍、所屬領域，越出邊界就不起作用，也起不了作用。比如，制度可以規範人們的行為、協調人們的利益關係甚至確定人們的地位高下，但面對人們的偏好、感情、信仰等這些「超理性」的問題只能保持沉默，硬去干預反而會添亂；又如，不能用美國法律管制中國事務，也不能用黨紀要求普通群眾，明朝的尚方寶劍斬不了清朝的官等。這些都是制度常識。

至於「度」，更是制度的本質屬性。制度可以細化，但不可能無限細化。即使把制度設計得再嚴密、把制度的籬笆紮得再緊，制度的自由裁量空間依然存在、也必須存在。遵守制度時選擇上限還是下限，偏左一點還是靠右一些，不同的選擇會產生不同的制度績效。類似的行為累積起來，天長日久，結果就會有天壤之別。

制度是有成本的，制度的實現需要消耗資源，需要配套條件，如果所有這些投入超過該制度所能產生的績效，這一制度就會得不償失；還有，制度必然烙有深深的時代印記，超越社會發展階段「早產」或

滯後社會發展階段「賴場」都會給社會帶來鬧劇以至悲劇；至於說制度異化，更是制度的一大隱痛，最為大家所熟悉的例證就是「潛規則」。當現實生活中「潛規則」大行其道、受人追捧，「顯規則」退隱式微甚至遭人恥笑時，制度就走向了自己的對立面。

為了解決這類問題，制度經濟學把意識形態引入制度，並作為制度的重要組成部分。很多人對此不理解。制度是明明白白的條文規則，意識形態是看不見摸不著的觀念思想，怎麼能把風馬牛不相及的兩者合到一塊？其實，這是對制度運行及其發展規律的深刻認知。制度是看得見的意識形態，意識形態是看不見的制度。有了對制度權威的認同，就會從心所欲不逾矩；有了對制度價值的共識，面對制度的自由裁量空間就不會「過」也不會「不及」，甚至當碰到制度不完善或有缺陷時還會按照制度的價值導向自覺救場補臺。

指出制度的局限及其困境，絕非貶低制度、不信任制度，而是為了消除迷信、走出誤區，還制度以本來面目，給制度以準確定位，讓制度做它該做和能做的事。只有這樣，才能真正建設好制度、發揮好制度的作用。我們應把制度變革與發展看作一個大的系統工程，既重視作為制度客體的規則內容的科學化，也關注作為制度主體的人的意識培育，還要營造崇尚制度的社會氛圍。三管齊下，各司其職，相得益彰，制度建設才能取得明顯成效。

《人民日報》（2015 年 02 月 17 日　07 版）

如何認識從「管理」到「治理」的轉變

馬慶鈺

　　黨的十八屆三中全會《決定》提出了一系列新思想、新觀點、新論斷，其中在「國家治理體系和治理能力」「社會治理」「政府治理」等概念中，將以往通常使用的「管理」改為「治理」，就是一大創新。深刻認識從「管理」到「治理」的轉變，對於深入學習貫徹《決定》精神具有重要意義。

　　從「管理」到「治理」，雖然僅有一字之差，但其內涵與外延有了巨大變化。「治理」是特定範圍內各類權力部門、公共部門以及社會組織的多向度相互影響，是公共事務相關主體對於國家和社會事務的平等參與，是各類主體圍繞國家和社會事務的協商互動。相對於「管理」在內涵上的單打獨鬥、居高臨下，「治理」的提出是理念上的一個巨大進步，有利於促進社會參與、激發社會活力，更好維護人民群眾的利益，並使相應的國家和社會治理創新的外延得到極大拓展。

　　「治理」的著眼點是促進社會參與。「治理」這一概念，強調的是社會各類主體在國家和社會事務中的地位和作用。從 20 世紀 80 年代以來的行政改革趨勢看，世界各國政府管理改革的一個基本趨勢是從一元走向多元、從單向走向互動，總的追求是公共治理。這是由傳統政府管理暴露的公共權力局限性決定的。我國正在推進的政府職能轉變，落腳點是「簡政放權」和「促進參與」，不斷創新社會參與機制、疏通社會參與渠道，促進社會各類主體參與國家和社會事務。《決定》在此基礎上提出了「政府治理」和「社會治理」的新理念，意味

著今後在國家和社會事務中，各類市場組織和社會組織具有平等參與的機會和舞臺。

「治理」的著力點是激發社會活力。從「管理」轉變為「治理」，就是要突出國家和社會事務的共治，並為此構建多元主體共同參與的平臺、完善多元主體平等協商的機制，從而激發社會活力。《決定》為此設計了幾個著力點。比如，推進協商民主廣泛多層制度化發展。構建程序合理、環節完整的協商民主體系，為社會各類主體參與決策創造條件、拓寬渠道。再如，激發社會組織活力。社會組織是社會治理的重要力量。《決定》強調加快實施政社分開和推進社會組織明確權責、依法自治、發揮作用，有利於激發社會組織活力。又如，創新有效預防和化解社會矛盾體制。社會參與是化解社會矛盾的途徑之一。為此，需要暢通有序的民意表達渠道和公正的民權民利保護機制，健全接訪制度和司法干預程序等。

「治理」的落腳點是增進人民福祉。讓社會各類主體共同參與國家和社會事務，最終落腳點是保障和改善民生、增進人民福祉。《決定》提出：「創新社會治理，必須著眼於維護最廣大人民根本利益。」增進人民福祉，需要把公平正義、改善民生、社會和諧、社會安全等作為社會治理的聚焦點。實現有效社會治理，公平正義是根本準則，改善民生是基本追求，社會和諧是重要表徵，社會安全是底線保證。將公平正義、改善民生、社會和諧、社會安全作為社會治理的聚焦點，既明確了社會治理的目標追求，又明確了政府和社會各類主體公共參與的範疇和使命擔當。

《人民日報》（2014 年 03 月 24 日　07 版）

社會主義社會是共用發展的社會

李淑梅

共用發展是我們黨提出的新發展理念的重要內容，它生動體現了維護社會公平正義、促進共同富裕等社會主義基本價值取向，生動體現了以人民為中心的發展思想。全面把握共用發展理念，對於我們正確看待社會主義的本質特徵具有重要意義。

共用發展的普惠性。共用發展理念明確將公平正義作為中國特色社會主義發展的價值取向，堅持改革成果的普惠性，促進社會成員各盡所能、各得其所，為每個人人生出彩、夢想成真提供機會。這對於縮小貧富差距、解決發展成果受惠不夠平衡的問題具有指導意義。當前，我國雖然已躍升為世界第二大經濟體，但仍然處於社會主義初級階段，社會生產力還比較落後，還不能充分滿足人民不斷增長的物質文化需要。改革發展成果分配得越公平，越能增強人民群眾的獲得感、享有感，越能增進人民群眾對改革發展的信心和認同。共用發展理念將影響如期全面建成小康社會的主要因素作為著重點，抓住農村貧困人口脫貧這一短板聚焦發力，強調不留死角、不落下一個貧困家庭。習近平同志強調：「經濟社會發展中的短板特別是主要短板，是影響如期實現全面建成小康社會目標的主要因素，必須儘快把這些短板補齊。脫貧開發工作是我們的一個突出短板，要舉全國之力抓好，確保到 2020 年農村貧困人口全部脫貧。」在 13 億多人口的最大發展中國家實現脫貧，使改革發展成果惠及全體人民，這是社會公平的集

中體現，是一項偉大創舉。

　　共用發展的全面性。共用發展理念堅持改革發展成果全面共用，以期全方位提升人民生活水準，滿足人民豐富多彩的物質文化需要。我們黨領導人民堅持和發展中國特色社會主義，一個重要目的就是不斷激發社會發展活力，全面滿足人民的新需求和對美好生活的新期盼。習近平同志指出：「我們的人民熱愛生活，期盼有更好的教育、更穩定的工作、更滿意的收入、更可靠的社會保障、更高水準的醫療衛生服務、更舒適的居住條件、更優美的環境，期盼孩子們能成長得更好、工作得更好、生活得更好。」人民的各方面新期盼，就是經濟社會發展的導向和目標，就是共用發展的著力點。改革開放以來，我國在改善民生、發展基本公共服務方面取得了顯著成效。然而，由於存在城鄉二元結構等複雜歷史和現實原因，人們在上學、醫療、就業、社會保障等方面尚不能完全平等地享受公共服務和社會福利。破除各種不合理的現實制約、體制障礙，進一步改善民生，促進基本公共服務均等化，保障每個公民享受公共服務的權利，是共用發展的題中應有之義。

　　共建和共用的統一性。共用發展理念堅持共建和共用的統一、社會發展和造福人民的統一。在西方國家現代化過程中，社會財富的創造和享有分屬於不同階級，創造財富者不能充分享有財富，大多數社會財富、機會等被少數剝削者所佔有。這種創造和享有的分裂，是社會不公平的尖銳表現。在實現了社會現代轉型後，經過勞動群眾的不懈鬥爭，一些西方國家被迫採取福利國家政策。但這只是在一定程度上緩解了貧富分化，並未真正解決問題。與之不同，共用發展理念堅持共建與共用的辯證統一：共建是共用的前提條件，共用是共建的目

的和歸宿。共用是對共建成果的公平享有，沒有共建就談不上共用。只有人人盡力、奮發有為，積極創造社會財富和文明成果，才能為共用提供現實基礎。共建的成果越多越好，共用的品質和水準才會越高，人民的獲得感、幸福感才會越強。發展成果共用又會激發共建的活力，推動共建進一步發展。共建和共用相互促進、相互貫通，使改革發展朝著民族復興和人民幸福的方向不斷推進。

共用發展的漸進性。在一個13億多人口的發展中大國實現廣泛、全面的共用發展，是一項十分艱巨的任務，需要經歷連續不斷的奮鬥過程。共用發展是發展成果的分享由不平衡趨向平衡的過程，是逐步減少和克服有違公平現象的過程。城鎮化建設、戶籍制度改革、分配制度改革等，需要逐步推進；教育、醫療、社會保障等公共服務的全覆蓋，也需要逐步落實。共用發展既是連續的，又是分階段的。當前，我們正處於全面建成小康社會的決勝階段，不能畏懼困難、縮手縮腳，而要增強緊迫感，加大攻堅力度，披荊斬棘，全力以赴衝刺，確保如期實現全面建成小康社會的目標。只要我們有堅定的信心和堅忍不拔的毅力，就一定能夠克服前進道路上的各種障礙，使共用發展的道路越走越通暢、越走越寬廣，如期實現「兩個一百年」奮鬥目標，把中國夢變為美好的現實。

《人民日報》（2016 年 04 月 29 日　07 版）

改革是為了讓人更自由、社會更公正

陳　劍

　　從大的視野考察，改革就是要實現人的解放，給人以更多的自由、更少的束縛，最終實現人的自由全面發展。這也是馬克思、恩格斯在《共產黨宣言》中所指明的方向和奮鬥目標。

　　20 世紀 80 年代初，農村實行家庭聯產承包責任制改革，使廣大農民擺脫了「一大二公」舊體制的束縛，極大解放和發展了農村生產力，大量農業富餘勞動力進城務工或興辦鄉鎮企業。隨後，城市經濟體制改革不斷深化，推動我國經濟衝破計劃經濟體制、蓬勃發展起來。1992 年，鄧小平同志南方談話提出社會主義也可以搞市場經濟，黨的十四大明確把建立社會主義市場經濟體制作為改革目標，極大地拓寬了人們對社會主義的認識視野，人民群眾以及資本、技術等生產要素的巨大潛力得到釋放，推動我國經濟社會發展躍上一個新臺階。黨的十八大以來，我國進入全面深化改革階段，提出凡是市場能夠做好的都交給市場，凡是社會能夠做好的都交給社會；政府自身改革通過減、放、管等措施，即減少行政機構、減少行政審批、減少政府對微觀經濟的干預、減輕企業負擔，政府向市場和社會放權、中央向地方放權，政府管好自己的事，極大釋放了市場活力、社會活力和地方活力，正在促進形成大眾創業、萬眾創新的生動局面，推動我國經濟加快轉型升級。

　　從制度建設角度考察，改革就是建立和不斷完善能夠實現社會公正的制度。公平正義是社會主義的旗幟和本質特徵。社會主義產生 500年了，之所以仍然充滿生命力、具有強大凝聚力，是因為社會主義的

旗幟上寫著四個大字——公平正義。公平正義最重要的體現和保障是制度公正。例如，市場公正或經濟制度公正，就是遵循市場經濟規律，讓市場成為資源配置的決定性力量，讓市場主體依法平等使用生產要素、公開公平公正參與市場競爭、同等受到法律保護。

　　不斷實現制度公正、社會公正，需要推進全方位改革。只有全面深化改革、全面依法治國、全面從嚴治黨，建立和完善公平公正的經濟制度、政治制度和法律制度，才能實現市場公正、分配公正，才能以經濟公正促進社會公正、以政治公正和法治公正體現社會公正，建成人民普遍幸福的社會主義，促進人的自由全面發展。改革為社會公正提供制度之基。

　　當前，改革已進入攻堅期和深水區，面臨思想觀念的障礙、利益固化的藩籬，每推進一步都需要堅定信心、周密部署、大膽探索。黨的十八屆三中全會通過的《關於全面深化改革若干重大問題的決定》、四中全會通過的《關於全面推進依法治國若干重大問題的決定》，是全面深化改革、全面依法治國的宣言書和總佈局，必將進一步釋放人的自由活力，有力促進社會公正。同時，改革需要得到廣大人民群眾的理解和支持。人民群眾是全面深化改革的主體，是自由和公正的創造者、享有者、受益者。改革攻堅尤其需要得到人民群眾的理解和支持，因為歷史發展方向和進程最終取決於人民群眾的覺悟和行動。這是歷史唯物主義的基本觀點。因此，全面深化改革，既需要不斷完善頂層設計，也需要基層積極探索；既需要把基層試點的成功經驗在更大範圍推廣和複製，也需要不斷使人民群眾得到實惠，始終得到人民群眾的理解和支持。

《人民日報》（2016 年 02 月 23 日　07 版）

公平正義是社會主義的基本價值取向

朱前鴻　劉　偉

　　公平正義是人類社會永恆追求的理想和目標，是社會主義核心價值觀的重要內容。社會主義的一個基本價值取向，就是消滅資本主義制度下存在的剝削與兩極分化，建設一個公平正義的社會。促進社會公平正義，是堅持和發展中國特色社會主義、全面建成小康社會、實現中華民族偉大復興中國夢的內在要求。

　　公平正義是社會主義的本質特徵。有人認為，公平正義是「普世價值」，沒有「姓資」「姓社」之分。事實恰恰相反，沒有資本主義社會資本家與工人、人民大眾之間嚴重的不平等和非正義，就沒有社會主義的建構與發展。資產階級在反對封建專制與剝削壓迫的鬥爭中提出了公平正義的口號和訴求，體現了歷史進步性，但資本主義生產資料私有制和壟斷資本的強勢地位，導致勞資之間事實上的不平等，使資本主義制度走向了公平正義的反面。馬克思、恩格斯第一次指出了實現公平正義的基本條件，那就是整個社會實行生產資料公有制，在不斷解放和發展生產力的基礎上逐步實現人人參與、人人共用、人人受益，實現每個人自由而全面的發展。追求和實現社會公平正義，正是社會主義社會作為一個歷史階段高於資本主義社會的主導價值特徵。列寧在領導建設世界上第一個社會主義國家的過程中提出：「只有社會主義才可能根據科學的見解來廣泛推行和真正支配產品的社會生產和分配，也就是如何使全體勞動者過最美好、最幸福的生活。」

社會主義制度的建立，使工人階級和廣大勞動人民獲得了歷史上從未達到過的公平正義。中國共產黨自成立之日起，就把實現和維護社會公平正義作為始終不渝的奮鬥目標。黨的十八大報告系統闡明了中國特色社會主義道路、中國特色社會主義理論體系和中國特色社會主義制度的基本內涵。公平正義的社會發展理念和治國理念滲透到中國特色社會主義道路、理論體系和制度之中，實現公平正義成為中國特色社會主義的核心內容和首要目標。

　　社會主義公平正義是程序正義與實質正義的有機統一。正義由程序正義和實質正義構成，程序正義是對法律和制度的公正和一貫執行，強調過程公正；實質正義則是制度本身的正義，強調結果公正。社會主義公平正義是程序正義與實質正義的統一，而資本主義公平正義是形式重於實質，潛藏著程序正義與實質正義的背離。馬克思主義認為，資本主義社會經濟結構本質上的雙重性，決定了它一方面在政治制度和法律制度上提供了廣泛的權利分配，形式上所有公民一律平等；另一方面，在經濟制度上卻是生產資料私有制，並由市場機制來實現收入分配，導致少數控制資本的集團與廣大人民在物質福利上差別懸殊。這種平等權利和不平等收入的混合結果必然造成社會不公平、非正義。社會主義在批判資本主義不公平現實的過程中，堅持資本與勞動的辯證統一，追求的是資本所有權和勞動所有權的充分結合，是程序正義與實質正義的有機統一。正是這種根本區別，決定了只有社會主義才能真正實現人的自由全面發展。當然，社會主義公平正義也是一個歷史的、具體的實現過程，隨著經濟社會的發展，公平正義實現的程度不斷提升。現階段中國特色社會主義公平正義，就是堅持以人為本，使人們公平享有勞動機會和勞動成果，促進平等發展，逐步消滅貧富差距、實現共同富裕，最終實現人的全面自由發展。

　　堅持馬克思主義先進政黨領導是實現公平正義的根本保障。馬克思主義先進政黨是工人階級和廣大勞動人民的先鋒隊與忠實代表；除了工人階級和廣大勞動人民的利益，它沒有自己的私利。正因為秉持這一根本宗旨和屬性，馬克思主義先進政黨才始終成為工人階級和廣大勞動人民爭取與維護社會公平正義的核心領導力量。也正是從這個意義上說，中國共產黨的領導是中國特色社會主義的本質特徵。習近平同志指出：「人民對美好生活的嚮往，就是我們的奮鬥目標。」這表明，我們黨治國理政，就是要讓國家變得更加富強，讓社會變得更加公平正義，讓人民安居樂業、生活得更加美好。為了實現這一目標，我們黨把促進社會公平正義作為核心價值追求，努力在全體人民共同奮鬥、經濟社會發展的基礎上，抓緊建設對保障社會公平正義具有重大作用的制度環境，逐步建立以權利公平、機會公平、規則公平為主要內容的社會公平保障體系，創建更加和諧有序、公平正義的社會環境，保證人民平等參與、平等發展的權利；按照全面推進依法治國的總體戰略部署，通過科學立法、民主立法實現良法善治，穩定社會秩序，解放和增強社會活力，發揮司法促進公平正義的最後屏障作用，讓公平正義的陽光普照社會，維護社會和諧穩定，確保黨和國家長治久安。習近平同志多次強調：「消除貧困、改善民生、實現共同富裕，是社會主義的本質要求，是我們黨的重要使命。」為此，我們黨堅持以人民為中心的發展思想，兼顧公平與效率，最大限度地調動全體人民的積極性，創造更多的社會財富，使發展成果更多更公平惠及全體人民，使我國社會朝著共同富裕方向穩步前進，逐步接近並最終實現社會公平正義的崇高理想。

《人民日報》（2016 年 04 月 29 日　07 版）

在基層治理中發揮好黨組織作用

李春根　歐陽靜

　　基層治理是國家治理的基礎環節。基層治理面對的是基層群眾豐富多彩、多元多樣的日常生活，這些看似零碎的「小事」，實際上是關係群眾切身利益的「大事」。基層治理做得好，就能給群眾帶來實實在在的獲得感。習近平同志指出，「治大國如烹小鮮」。只有認真解決好群眾最關心最直接最現實的利益問題，國家的發展才能具有持久的動力。我們黨是中國特色社會主義事業的堅強領導核心，代表中國最廣大人民的根本利益，加強和改善基層治理必須發揮好黨組織的作用。

　　強化基層黨組織整體功能。基層黨組織是我們黨團結帶領人民群眾貫徹落實黨的理論和路線方針政策、推動經濟社會發展的重要組織基礎，也是發揮黨的領導核心作用的堅實力量支撐。它既有貫徹中央精神的功能，又有服務基層的功能。隨著經濟社會不斷發展和全面建成小康社會穩步推進，群眾的生產生活方式、精神文化需求等都在發生深刻變化。為了適應形勢新變化、滿足群眾新需求，基層治理既要有靈活性和適應性，不斷滿足多樣多變的社會需求；又要有整體性和綜合性，做到通盤考慮、統籌兼顧。這就需要發揮並強化基層黨組織整體功能，充分發揮其戰鬥堡壘作用和黨員先鋒模範作用。與這一要求相比，目前我國基層黨組織的整體功能還有待進一步提高，組織建設和制度建設還有待進一步強化。基層黨組織可以對目前的村民小

組、街道志願者、婦委會、社區調解員（信息員）、老年理事會等組織安排和制度安排進行優化整合，充分發揮黨組織的核心作用和黨員的帶頭作用，將基層治理的組織基礎、制度基礎和人員保障做實、做強，以更好解決與群眾利益密切相關的實際問題，實現小事不出村（社區）、大事不出鄉（鎮）。

在新形勢下貫徹好黨的群眾路線。我們黨幹革命、搞建設取得成功的一個重要法寶，就是始終堅持和貫徹群眾路線，緊緊依靠人民群眾、廣泛動員人民群眾，從而贏得了人民群眾的信任和支持。群眾路線也是一種關心群眾、服務群眾的工作方法和工作機制。在新形勢下加強基層治理，需要繼續貫徹黨的群眾路線，堅持一切為了群眾、一切依靠群眾，從群眾中來、到群眾中去的領導方法和工作方法。黨的群眾路線與基層治理相輔相成。一方面，只有深入群眾，才能瞭解群眾生活、感知群眾疾苦，從而對基層治理現狀形成全域性、整體性認識。另一方面，只有相信群眾、依靠群眾，才能更好地傾聽群眾呼聲、吸收群眾意見，才能更有針對性、更有品質地為群眾服務，進而更有效地激發他們參與基層治理的熱情，依靠群眾化解矛盾、解決問題。可見，貫徹黨的群眾路線不僅能夠解決事關群眾切身利益的問題，而且能夠在充分尊重群眾主體地位的基礎上發揮他們的積極性、主動性和創造性，促進群眾在城鄉社區治理、基層公共事務和公益事業發展中依法自我管理、自我服務、自我教育、自我監督，進而對完善基層群眾自治制度、發展基層民主產生積極推動作用。

《人民日報》（2016 年 12 月 19 日　07 版）

第六章

建設生態文明是中華民族永續發展的千年大計

以綠色消費助推生態文明建設

錢　易

前不久印發的《中共中央國務院關於加快推進生態文明建設的意見》（以下簡稱《意見》）提出：「培育綠色生活方式。宣導勤儉節約的消費觀。廣泛開展綠色生活行動，推動全民在衣、食、住、行、遊等方面加快向勤儉節約、綠色低碳、文明健康的方式轉變，堅決抵制和反對各種形式的奢侈浪費、不合理消費。」這是我們黨對生態文明建設規律認識的深化，是對符合生態文明消費方式的科學詮釋。我們應深刻理解、認真踐行，以綠色消費助推生態文明建設。

推行綠色消費意義重大

「十二五」規劃《綱要》提出，要推動形成與我國國情相適應的

綠色生活方式和消費模式。這提出了一個十分重要的命題。我國的國情是什麼？地大物博、人口眾多，是常常被用來描述我國國情特點的八個字。但對這八個字稍作分析便可發現，由於人口眾多，我國人均土地面積和礦產資源都較少。比一比中國和美國的國土面積：美國比中國小了 30 萬平方公里，但中國人口是美國的 4 倍多，中國人均國土面積不到美國的 1/4；如果計算耕地面積，中國的人均耕地面積不到美國的 1/8。這使我們清楚地看到，我國不能照搬美國人的消費模式。推行綠色消費，對於我國生態文明建設意義十分重大。這可以從消費具有的兩大效應來認識。

消費具有下游效應，減少消費能成幾何級數地減少資源投入。在人類的各種活動中，消費處於下游。在下游減少一個單位的產品消耗，在上游就能減少數十倍、數百倍甚至數千倍的資源投入。在這個問題上，德國學者魏茨察克提出了生態包袱的概念，即每單位產品重量所需要的物質投入總量。例如，一個 10 克重的金戒指，生態包袱是 3500 公斤；一件 170 克重的汗衫，生態包袱是 226 公斤；等等。在生態系統最下游減少一個單位的產品消耗，不但可以減少大量資源投入，還可以減少數十倍、數百倍甚至數千倍的污染排放。這對於保護生態環境、實現可持續發展的意義是十分重大的。

消費具有彈性效應，增加消費會抵消提高生產效率的效果。消費數量的增加，往往會抵消提高生產效率、節約資源投入的效果。事實證明，各種工業產品都可以通過實施清潔生產、循環經濟提高資源利用率，減少資源消耗量和污染排放量。但如果消費數量增加，這種效果就會被抵消。比如，汽車引擎的改進可以使耗油量降低、污染排放量減少，但汽車數量的急劇增加很容易抵消這種效果；住房設計及建築材料

的改進可以減少建築材料消耗、節約能源資源，但人均住房面積的擴大會抵消這種效果。這說明，控制盲目的、不顧環保的消費需求，對於建設資源節約型、環境友好型社會十分重要。當然，也不能盲目控制消費數量，對於還處於貧困狀態的人群來說，消費數量的增加是合理的。

綠色消費內涵豐富

「十二五」規劃《綱要》對綠色消費模式做了專章闡述，主要內容是：「宣導文明、節約、綠色、低碳消費理念，推動形成與我國國情相適應的綠色生活方式和消費模式。鼓勵消費者購買使用節能節水產品、節能環保型汽車和節能省地型住宅，減少使用一次性用品，限制過度包裝，抑制不合理消費。推行政府綠色採購。」很清楚，綠色消費模式是資源節約型、環境友好型的消費模式，是符合可持續發展戰略的消費模式。推行綠色消費模式，包括衣、食、住、行等都向勤儉節約、綠色低碳、文明健康的方式轉變。

——在「衣」的方面，應宣導節儉意識，避免過度消費、炫耀性消費；宣導向貧困地區捐贈品質較好的衣物，充分發揮服裝價值，減輕生態包袱。美國《新聞週刊》網站上有文章指出：「在西方，炫耀性消費可能已經過時，但在中國，奢侈品正在繁榮發展。」一些西方奢侈品企業包括頂級時裝企業正在競相「為中國製造」奢侈品，不少國人出國旅遊的一個興趣點也在購買奢侈品和頂級時裝。這些都是應該改變的。

——在「食」的方面，新一屆中央領導集體在反對鋪張浪費、大吃大喝方面加大了治理力度，取得了顯著成效。其實，我們每個人都應注意節約、反對浪費，以營養結構合理的食物代替高糖、高脂肪、

高熱量的食物；堅決不吃珍禽異獸，保護生物多樣性。

　　——在「住」的方面，全面建成小康社會當然要讓廣大人民「住有所居」，但人均居住面積和人口數量直接關係土地佔用面積、建築材料和能源、水資源消耗，與排放的污染物也有線性關係。我們應理性認識住房大小，自覺承擔環保責任，不能盲目求大，不能只為自己安逸享樂而不管不顧生態環保。

　　——在「行」的方面，應大力發展公共交通，大力發展新能源汽車等綠色交通工具，宣導人們多騎自行車等，不能一味追求汽車數量。例如，美國每4個人有3輛車，中國能效仿嗎？美國地球政策研究所所長萊斯特·布朗做過分析，中國的經濟正飛速發展，未來中國的人均收入將達到今天美國的水準，那時中國人口總數將增加至15億，如果也同美國一樣，4個人有3輛車，那時中國的私人小轎車數量將達到11億輛，比目前世界上的汽車總量8億輛還要多。為這麼多汽車修建停車場和道路所需要的土地面積，大約相當於我國目前水稻田總面積；這麼多的汽車每天耗費的汽油，比目前世界汽油總產量還要多。如果再考慮到產生的污染和交通堵塞，不難想像，這樣的消費模式帶給中國人民的不是幸福而是災難。所以，我們採取什麼樣的生活方式，應充分考慮環境問題。

　　綠色消費模式也包括節能環保的娛樂、健身模式。改革開放以來，我國各地建造了很多高爾夫球場，這是適合我國國情的娛樂方式嗎？肯定不是。高爾夫球場佔用大片土地，耗用大量水資源，使用的化肥、農藥造成污染，消費人群卻極小，對生態文明建設很不利。國家早就禁止新建高爾夫球場，但仍然屢禁不止，高爾夫運動甚至成了財富和權力的象徵。這種建設衝動和消費觀念應該改變。

推行綠色消費的主要著力點

推行綠色消費，需要每個人的消費活動都符合生態文明理念。消費是人們幾乎每天都在進行的活動，每一項消費活動對資源、環境、生態都會產生影響。因此，在日常生活中，我們應儘量使自己的消費綠色化。比如，以耐用的物品代替一次性物品；加強維護修理，延長物品使用時間，減少物品的浪費丟棄；積極配合垃圾分類收集，支持垃圾回收利用，將廢品變成二次資源；隨手關燈，節約用水，抵制過度包裝的產品，選用節能環保的家庭用品；等等。只要我們從小事做起、從一點一滴做起，積少成多、變小為大，推行綠色消費的效果就是十分驚人的。

推行綠色消費，應加強綠色消費宣傳教育。通過大力宣傳教育，引導人們樹立勤儉節約的消費觀，形成以踐行綠色消費、保護生態環境為榮，以鋪張浪費、加重生態負擔為恥的社會氛圍。黨中央號召，加強生態文明宣傳教育，推行符合生態文明理念的消費模式，形成人人、事事、時時崇尚生態文明的社會氛圍。我們應積極回應、自覺踐行這一號召。

推行綠色消費，健全生態文明制度體系十分重要。應通過健全法律法規，完善生態環境監管制度，完善經濟政策，運用市場化機制，健全政績考核制度，實行責任追究制度等，用完善的制度體系保障生態文明建設有序推進，促進人們綠色消費理念的形成。

《人民日報》（2015 年 06 月 11 日　07 版）

中國可持續發展具有世界意義

高世楫　王海芹

　　1994 年，《中國 21 世紀議程》作出了一個人口眾多、自然資源相對短缺、經濟基礎比較薄弱的發展中國家走可持續發展道路的莊嚴承諾。20 多年來，中國不斷創新和豐富可持續發展內涵，可持續發展步伐不斷加快，在極大改善 13 億中國人民福祉的同時，也為全球可持續發展和人類共同的未來作出了巨大貢獻。

　　對全球經濟可持續發展作出巨大貢獻。中國對貨物和服務貿易特別是大宗商品的進口需求，改善了許多發展中國家的貿易條件，促進其經濟增長。價廉物美的中國製造產品使美國等發達國家能夠維持較低的通脹水準，實現持續經濟增長。中國的對外投資從 2003 年的 29 億美元迅速增長到 2013 年的 1078 億美元，其中對非洲和拉美投資 177 億美元，支持了這些國家的經濟發展。中國作為最不發達國家的第一大出口市場，對其近 5000 個稅目的產品實行零關稅，並多次免除最不發達國家、重債窮國的債務，有力支持了最不發達國家的發展。

　　對全球社會可持續發展作出巨大貢獻。中國是第一個實現聯合國千年發展目標、使貧困人口比例減半的國家，為全球減貧事業作出了巨大貢獻。聯合國助理秘書長阿賈伊・奇伯評價道，中國不但成功大幅削減了本國貧困人口數量，還有能力和經驗幫助其他發展中國家實現減貧目標，在當今世界減貧事業中扮演著重要角色。中國同許多發展中國家簽署減貧合作諒解備忘錄，建立合作減貧中心，共同推動減

貧工作。中國還為其他發展中國家援建醫院、醫療服務中心，派遣醫療隊，提供緊急人道援助；支持其他發展中國家提高教育水準，培養各類專業人才。2010—2012 年，中國為其他國家改善民生和社會發展提供援助資金達 893.4 億元。

對全球生態環境可持續發展作出巨大貢獻。中國是第一個自主承諾減少碳排放的發展中國家。中國通過產業結構調整、制定節能減排約束性指標、加強重點污染物和重點區域污染治理等方式大力推進資源節約、環境友好的經濟增長。中國萬元工業增加值用水量（當年價）由 2001 年的 268 立方米下降到 2014 年的 59.5 立方米，單位 GDP 能耗和污染排放持續下降。20 世紀 90 年代中國開始實施生態建設工程，森林覆蓋率由 2000 年的 16.55% 上升到 2013 年的 21.63%，為減緩全球森林資源流失作出了突出貢獻。中國利用完整的產品製造體系和較強的成本控制能力，迅速降低了光伏產品、風電產品、高速鐵路系統等清潔能源、綠色交通的成本，為世界綠色、低碳發展作出了貢獻。

在可持續發展領域取得的巨大成就，是中國堅持改革開放、堅持通過發展解決發展中問題的結果。美國經濟學家科斯曾說：「為中國的奮鬥，就是為世界的奮鬥。」這句話在經濟學研究中可能有不同解讀，但用它來詮釋中國可持續發展的世界意義則是毫無疑義的。

《人民日報》（2015 年 09 月 13 日　05 版）

以生態文明建設推動發展轉型

潘家華

工業革命以來，以技術引領、效用為先、財富積累、改造並征服自然為特徵的工業文明迅速統治世界，在創造前所未有的物質財富的同時，也導致環境污染、氣候變暖、資源枯竭、生態退化等問題日益突出，威脅人類社會的生存和發展。實現工業文明轉型、謀求可持續發展，成為當今世界的追求。

西方學界從不同側面對工業文明提出了質疑和批判。早在 19 世紀中葉，英國經濟學家、哲學家莫爾就指出，「美麗自然的幽靜和博大是思想和信念的搖籃」，有其自然的價值，不能破壞。因而社會形態應該是一種「靜態經濟」，即人口數量、經濟總量和規模、自然環境均保持基本穩定。英國哲學家羅素甚至認為，工業文明與人性背道而馳。進入 20 世紀 60 年代，資源枯竭和環境污染問題迫使人們考慮工業化和經濟增長的邊界問題。美國經濟學家鮑爾丁提出「太空船經濟」，生態經濟學家戴利論證了保持人口與能源和物質消費在一個穩定或有限波動水準的「穩態經濟」。但是，這些理論要麼過於偏頗，要麼脫離實際，要麼存在方法論困境，因而都無法實現，更難以指導實踐。所以，時至今日，西方工業文明的根本性矛盾和問題並沒有得到解決，理論、方法和實踐依然面臨諸多困惑和困境。

中國的生態文明建設，可望對工業文明轉型與實現可持續發展的世界發展難題作出科學解答。最近 30 多年，中國的工業化進程突飛

猛進，但資源環境瓶頸制約加劇，環境承載能力已接近上限。在這一背景下，東方哲學「天人合一」的智慧，中國特色社會主義建設中守住發展和生態兩條底線的認知，習近平同志關於加強生態文明建設的一系列重要論述，特別是關於「綠水青山就是金山銀山」的理念，構成了對生態文明建設的科學指導，促進形成了生態文明發展的中國範式，改造和提升著工業文明。

中國生態文明建設經歷了一個從被動到主動、從單一到全面的過程。20世紀後半葉，尊重自然多具有被動色彩，靠山吃山、有水快流，有的地方甚至為了「金山銀山」而破壞「綠水青山」；單一、被動地治理生態破壞和環境污染。進入21世紀，生態文明建設的層次和力度不斷提升。2002年，黨的十六大報告提出：「推動整個社會走上生產發展、生活富裕、生態良好的文明發展道路。」2007年，黨的十七大報告明確要求「建設生態文明」。2012年，黨的十八大報告將生態文明建設納入中國特色社會主義「五位一體」總佈局，並提出把生態文明建設融入經濟建設、政治建設、文化建設、社會建設各方面和全過程。黨的十八屆三中、四中全會進一步將生態文明建設提升到制度層面，提出「建立系統完整的生態文明制度體系」「用嚴格的法律制度保護生態環境」。《中共中央國務院關於加快推進生態文明建設的意見》提出「協同推進新型工業化、信息化、城鎮化、農業現代化和綠色化」，把綠色化作為生態文明建設的手段和評判標準。在實踐中，提出了「節約優先、保護優先、自然恢復為主」的尊重和順應自然的方針，明確了綠色、循環、低碳發展的路徑。

可見，中國的生態文明建設涉及價值理念、目標導向、生產和消費方式等方面，是全方位的發展轉型。工業文明的價值基礎是功利主

義，評判的尺度是效用，通行的法則是競爭，崇尚物競天擇；中國生態文明建設的倫理基礎源於古代道法自然的哲學思想，尋求生態公正，注重人與自然、人與人、人與社會的和諧。工業文明追求利潤、財富積累和效用最大化，導致 GDP 崇拜；而生態文明建設尋求人與自然和諧、環境可持續和社會繁榮。工業文明依賴化石能源；而生態文明建設強調可持續的能源支撐。工業文明下實行「原料—生產過程—產品加廢料」的線性生產模式；生態文明下實行「原料—生產過程—產品加原料」的循環經濟模式。工業文明下盛行佔有型、奢侈型的高消費；而生態文明宣導低碳、品質、健康的理性消費。

中國的生態文明建設得到了國際社會的高度認可，為世界工業文明向生態文明發展轉型探索了方向和路徑。中國已對聯合國實現「千年發展目標」作出突出貢獻，在低碳發展、減緩氣候變化等方面取得突出成績。事實上，聯合國 2015 年後發展議程提出的行動方案，超越了工業文明範式下可持續發展的「經濟—社會—環境」三大支柱格局，構建了人與自然和諧的 5P 願景：以人為本（people）、尊重自然（planet）、經濟繁榮（prosperity）、社會和諧（peace）、合作共贏（partnership）。其中，就包含中國生態文明建設作出的巨大貢獻。如果說工業文明是西方社會對人類發展的革命性創新，那麼，中國的生態文明建設則是東方智慧對全球可持續發展的根本性貢獻。

《人民日報》（2015 年 08 月 25 日　07 版）

牢固樹立社會主義生態文明觀

鄧宏兵　張雨瑤

習近平同志在黨的十九大報告中指出：「生態文明建設功在當代、利在千秋。我們要牢固樹立社會主義生態文明觀，推動形成人與自然和諧發展現代化建設新格局。」理念是行動的先導。牢固樹立社會主義生態文明觀，是新時代深入推進生態文明建設和綠色發展的基礎與前提。

當前，中國特色社會主義進入新時代，人民日益增長的美好生活需要和不平衡不充分的發展之間的矛盾成為我國社會主要矛盾。我國社會主要矛盾發生變化，一個重要表現就是人民在生態環境方面的需要日益增長，推進生態文明建設與綠色發展已經成為重要的政治、經濟和民生工程。從全球範圍看，人與自然的矛盾已逐漸從次要矛盾演化成影響社會發展甚至人類生存的主要矛盾，生態環境保護日益成為國際治理、全球博弈的綜合性、全域性問題。黨的十九大報告深入把握新時代社會主義生態文明建設的新要求，將生態文明建設納入我國社會主義現代化建設和中華民族偉大復興的戰略安排，明確提出到2035年我國生態環境根本好轉、美麗中國目標基本實現。

生態文明建設與經濟社會發展是有機統一的，生態文明建設的本質要求是在經濟社會發展中尊重自然、順應自然、保護自然。馬克思主義認為，人與自然關係的異化是生態環境惡化的根本原因。任何忽視生態文明建設與經濟社會發展有機聯繫的做法都是錯誤的。我們黨

幾代領導人基於中國國情和經濟社會發展的經驗教訓，就人與自然關係作了大量論述，對科學認識人與自然關係、推動生態環境保護作出重要貢獻。黨的十八大以來，習近平同志高度重視生態環境問題，以新的理念指導生態文明建設，把生態文明建設作為中國特色社會主義「五位一體」總體佈局和「四個全面」戰略佈局的重要內容、作為重大民生實事緊緊抓在手上。習近平同志提出「綠水青山就是金山銀山」「保護生態環境就是保護生產力，改善生態環境就是發展生產力」「良好生態環境是最公平的公共產品，是最普惠的民生福祉」「環境就是民生，青山就是美麗，藍天也是幸福」「生態文明建設事關中華民族永續發展和『兩個一百年』奮鬥目標的實現」等重大論斷。他在黨的十九大報告中進一步強調，必須樹立和踐行綠水青山就是金山銀山的理念；我們要建設的現代化是人與自然和諧共生的現代化；把我國建成富強民主文明和諧美麗的社會主義現代化強國。

在社會主義生態文明觀的指導下，黨的十八大以來，我國生態文明建設和綠色發展取得舉世矚目的成就。生態環境短板逐步補上，忽視生態環境保護的狀況明顯改變；頂層設計和制度建設逐步完善，出臺了《關於加快推進生態文明建設的意見》《生態文明體制改革總體方案》《大氣污染防治行動計畫》《水污染防治行動計畫》《土壤污染防治行動計畫》以及新環保法等一系列政策法律制度，生態文明制度體系加快形成；全黨全國貫徹綠色發展理念的自覺性和主動性顯著增強，保護與發展的關係逐步理順，綠色發展取得明顯進展；積極參與國際生態環境治理，日益成為全球生態文明建設的重要參與者、貢獻者、引領者。

實踐證明，牢固樹立社會主義生態文明觀，大力推進生態文明建

設和綠色發展，是解決新時代社會主要矛盾、全面建設社會主義現代化國家、實現中華民族偉大復興的必要之舉。我們要牢固樹立社會主義生態文明觀，積極推進綠色發展，著力解決突出環境問題，加大生態系統保護力度，改革生態環境監管體制，為保護生態環境作出我們這代人的努力。

《人民日報》（2017 年 11 月 22 日　07 版）

綠色發展彰顯大國擔當

歐陽輝

　　人類只有一個地球，各國共處一個世界。堅持綠色發展，是為了建設美麗中國，也是對維護全球生態安全的莊嚴承諾，彰顯了中國作為負責任大國的使命擔當，贏得了國際社會的普遍尊重和廣泛讚譽。

　　當今時代，經濟全球化、社會信息化深入發展，讓整個世界成為一個「地球村」。國與國之間「你中有我、我中有你」「一榮俱榮、一損俱損」，形成了息息相關的命運共同體。從現實情形看，影響人類生產生活的不僅有戰爭、恐怖活動、網絡病毒，還有空氣、土地、水體嚴重污染以及森林被大肆砍伐等，它們對各國、對全球生態安全均構成巨大威脅。綠色發展理念的提出，正是基於對全球生態安全形勢的深刻洞察和精準把握。面對全球性生態危機，各國應遵循「共同但有區別責任」的原則，積極採取行動。發達國家應帶頭落實好資金支援的承諾，轉讓環境友好型技術，幫助發展中國家尤其是最不發達國家發展綠色經濟。中國作為發展中大國、負責任大國，一直積極承擔應盡的責任，宣導並推動各國攜手應對生態危機、努力實現綠色發展、共同守護地球家園；主張各國既加強對話與磋商、共同維護全球生態安全，又積極尋找最適合本國國情的應對之策，實現本國經濟社會發展和全球生態安全雙贏。

　　作為負責任大國，中國向世界公開表明了自身在綠色發展問題上的形勢、成績、承諾。過去幾十年，中國經濟快速發展，人民生活水準

大幅躍升，但也付出了資源環境方面的代價，需要鑒往思來、亡羊補牢。同時，中國推動綠色發展的成績不可抹殺。目前，中國可再生能源裝機容量占全球總量的 24%，新增裝機容量占全球增量的 42%，已成為世界節能和利用新能源、可再生能源的第一大國。面向未來，中國提出於 2030 年左右使二氧化碳排放達到峰值並爭取儘早實現，2030 年單位國內生產總值二氧化碳排放比 2005 年下降 60% ～ 65%，非化石能源占一次能源消費比重達到 20% 左右，森林蓄積量比 2005 年增加 45 億立方米。這「雖然需要付出艱苦的努力，但我們有信心和決心實現我們的承諾」。

　　綠色發展的號角已經吹響。履行承諾、彰顯擔當，必須堅持以綠色發展理念為引領，將生態文明建設融入經濟建設、政治建設、文化建設、社會建設各方面和全過程。當前，尤須將粗放型發展中出現的問題放到綠色發展中解決。具體地講，就是按照中央「十三五」規劃建議提出的要求，通過科技創新和體制機制創新，大力實施優化產業結構、構建低碳能源體系、發展綠色建築和低碳交通、建立全國碳排放交易市場等一系列政策措施，形成人與自然和諧發展的現代化建設新格局，為全球生態安全和可持續發展作出應有貢獻。同時，著眼共同維護全球生態安全，主動與世界各國深入開展生態文明領域的交流合作，推動成果分享；堅持正確義利觀，認真落實氣候變化領域南南合作政策承諾，如期啟動在發展中國家開展的低碳示範區、減緩和適應氣候變化項目；大力宣導社會、企業和個人主動作為，為綠色低碳生產和生活作出自己的貢獻，攜手共建生態良好的美好家園。

《人民日報》（2015 年 12 月 22 日　07 版）

深刻認識綠色化的內涵與特徵

林 柏

《中共中央國務院關於加快推進生態文明建設的意見》提出,協同推進新型工業化、信息化、城鎮化、農業現代化和綠色化。這標誌著我國現代化戰略從「四化同步」發展成為「五化協同」。落實現代化發展新戰略,需要深入研究和把握綠色化這一理論創新成果。綠色化,就是生態文明建設與經濟社會發展相互融入和協同提升的過程,也是經濟社會發展的生態友好程度不斷提升、逐步實現經濟社會發展與生態系統和諧的過程。綠色化體現在生產方式、生活方式、制度體系、思想意識等各個層面,本質上是一種全新發展方式。

更高級的發展方式。綠色化的前提是把人類經濟社會發展作為整個自然生態系統演進的子系統。馬克思主義認為,自然界先於人而存在,人是自然界長期發展的產物,是自然界的一部分。但是,傳統發展方式將經濟社會發展從生態環境中人為剝離出來,導致經濟社會發展與生態環境運動的二元對立。綠色化不僅要利用生態系統的工具價值,更要承認和突出生態系統自身的價值。這種發展方式將經濟社會發展置於生態系統演進之中,實現人與自然關係的歸位。因此,相對於傳統發展方式而言,綠色化是更高級的發展方式。

可持續的發展方式。綠色化的核心要求是把生態文明建設放在突出地位,將生態文明建設融入經濟社會發展全過程和各環節,逐步實現經濟社會發展與生態文明水準的協同提升。所謂突出地位,可以理

解為突出其在經濟社會發展中的基礎地位；所謂融入，就是一體化推進生態文明建設和經濟社會發展。因此，綠色化要求打破傳統的「先污染後治理」「邊污染邊治理」「甲污染乙治理」的二元路徑，形成經濟社會可持續發展、永續發展的新路徑。

和諧的發展方式。綠色化的推進方式是經濟社會和生態協調發展。傳統發展方式將生態文明建設與經濟社會發展割裂開來，不僅導致經濟系統、社會系統與生態系統的對立，而且導致地區之間、群體之間生態權益對立。綠色化以系統化的方式推進產業鏈、價值鏈、創新鏈的綠化，以制度化的方式推進生態文明建設的空間聯動、產業聯動、區域聯動，以市場化的方式推進污染聯防聯治和地區、群體之間的生態補償。這一整套系統化、制度化和市場化方式有利於實現經濟社會和生態環境協調發展，形成和諧的發展方式。

積極的發展方式。綠色化的著眼點是科學發展、可持續發展。馬克思主義認為，人們在自然規律面前並不是無能為力的，可以充分發揮主觀能動性，利用規律，改造自然。綠色化，一方面不同於那種造成環境污染、生態破壞的發展，另一方面也不同於建基於自然中心主義的「零增長」「負增長」的消極被動發展，而是積極追求科學發展、追求新型工業化。綠色化強調，保護生態環境就是保護生產力，改善生態環境就是發展生產力。同時強調，將生態文明建設作為開發綠色資源、積累綠色資產、拓展綠色空間的發展手段和路徑。因此，綠色化是一種積極、主動、進取的發展方式。

普惠民生的發展方式。綠色化的出發點是滿足人民群眾對綠色產品的需求。良好生態環境是最公平的公共產品，是最普惠的民生福祉。在全面建成小康社會的決定性階段，良好生態環境、優質綠色產

品和服務已經成為人民群眾最迫切的需求之一。綠色化，一方面強調生態環境的生產性、發展性功能，另一方面強調生態環境的生存性、宜居性功能，強調確保和提升生態環境適合人類生存和生活的標準，強調滿足人民群眾對良好生態環境和生態產品的需求，確保人民群眾身心健康和全面發展。因此，綠色化是一種改善民生、普惠民生的發展方式。

《人民日報》（2015 年 08 月 25 日　07 版）

第七章

中國特色社會主義制度的最大優勢是中國共產黨的領導

加強黨內監督是全面從嚴治黨的題中應有之義

汪永清

黨的十八大以來，以習近平同志為核心的黨中央就全面從嚴治黨提出了一系列新思想、新觀點、新論斷，作出了一系列重大部署。黨的十八屆六中全會通過《中國共產黨黨內監督條例》（以下簡稱《條例》），是深入推進全面從嚴治黨的重要舉措。黨內監督的實質，就是我們黨按照全面從嚴治黨的要求進行自我約束和自我完善，保證自身肌體健康，保證人民賦予的權力始終用來為人民謀利益。從這個意義上講，加強黨內監督是全面從嚴治黨的題中應有之義。

加強黨內監督是全面從嚴治黨的必然要求

黨要管黨、從嚴治黨，「管」和「治」都包含監督。新形勢下，

全面從嚴治黨，要把加強黨內監督貫穿管黨治黨全過程，增強黨在長期執政條件下自我淨化、自我完善、自我革新、自我提高能力，保持黨的先進性和純潔性，提高黨的執政能力和領導水準，提高拒腐防變和抵禦風險能力，不斷把黨的建設新的偉大工程推向前進。

　　加強黨內監督是深入總結管黨治黨經驗教訓得出的科學結論。世界政黨發展史表明，一個政黨特別是執政黨要行穩致遠，就必須加強自身建設、強化自我監督，保證權力運行不偏離正確軌道。蘇聯東歐一些國家原執政黨喪權亡黨的一個深層次原因就是權力過於集中，缺乏監督制約，特別是黨內監督缺位。習近平總書記指出，對我們黨來說，外部監督是必要的，但從根本上講，還在於強化自身監督。加強黨內監督，是馬克思主義政黨的應有品格，是我們黨的優良傳統和政治優勢，也是全面從嚴治黨的必由之路。黨的十八大以來，以習近平同志為核心的黨中央堅持全面從嚴治黨，把強化黨內監督提高到前所未有的高度。黨的十八屆六中全會專題研究全面從嚴治黨問題，審議通過了《條例》。這充分體現了我們黨對管黨治黨規律的深刻把握，彰顯了我們黨強烈的憂患意識和高度的政治自覺。

　　加強黨內監督是解決黨內各種問題的迫切需要。習近平總書記指出，如果管黨不力、治黨不嚴，人民群眾反映強烈的黨內突出問題得不到解決，我們黨遲早會失去執政資格，不可避免被歷史淘汰。針對一些地方黨內政治生活庸俗化、隨意化、平淡化，政治生態受到污染等問題，只有強化黨內監督，才能不斷增強黨內政治生活的政治性、時代性、原則性、戰鬥性，營造風清氣正的黨內政治生態，實現幹部清正、政府清廉、政治清明。針對個別黨員違反黨章、破壞黨的紀律、危害黨的團結統一的行為和一些地方黨的組織渙散、紀律鬆弛等

問題，只有加強黨內監督，把紀律挺在前面，運用好監督執紀「四種形態」，才能確保黨章黨規黨紀在全黨得到有效執行，確保全黨統一意志、統一行動、統一步調。針對一些黨員作風不嚴不實、頂風違紀時有發生的現象，只有不斷強化黨內監督，堅持抓常、抓細、抓長，才能使黨的作風全面好轉起來。針對反腐敗鬥爭的長期性、複雜性、艱巨性，只有狠抓黨內監督，加強對權力行使的制約，才能有效減少腐敗存量、遏制腐敗增量，推動黨風廉政建設走上良性發展軌道。

　　加強黨內監督是確保黨始終成為中國特色社會主義事業領導核心的有力保障。「治人者必先自治，責人者必先自責，成人者必先自成」。一個政黨自我約束、自我完善的水準，是衡量政黨發展成熟程度的重要指標，也是政黨永葆生機活力的重要條件。縱觀我們黨95年的發展歷程，之所以能夠戰勝無數考驗危險，奧秘就在於不斷增強自我淨化、自我完善、自我革新、自我提高能力。正如鄧小平同志指出的，我們黨也犯過嚴重錯誤，但是錯誤總還是由我們黨自己糾正的，不是別的力量來糾正的。黨內監督具有糾錯正偏、預防懲戒、約束制衡、指引促進等功能，有利於及時發現、推動解決黨自身存在的各種問題，不斷增強黨的創造力、凝聚力、戰鬥力，確保黨始終與人民同呼吸、共命運、心連心。新的歷史條件下，只有加強黨內監督，才能確保我們黨經受住「四大考驗」、克服「四種危險」，永葆先進性和純潔性，始終成為中國特色社會主義事業的堅強領導核心。

加強黨內監督是全面從嚴治黨的重要內容

　　習近平總書記指出，全面從嚴治黨，核心是加強黨的領導，基礎

在全面，關鍵在嚴，要害在治。我們要緊緊圍繞這些方面，進一步規範和加強黨內監督，推動管黨治黨從寬鬆軟走向嚴緊硬。

全面從嚴治黨的核心是加強黨的領導，必須在日常管理監督上下功夫。各級黨組織要擔負起全面從嚴治黨的主體責任，就必須把黨內監督擺到重要位置來抓，推動實現監督常態化、長效化。各級黨委（黨組）要牢固樹立不管黨治黨就是嚴重失職的理念，加強對黨員領導幹部的日常管理監督，掌握其思想、工作、作風、生活狀況，敢於較真、注重日常，抓早抓小、防微杜漸，決不能坐看自己的同志在錯誤的道路上越滑越遠。通過監督遵守黨章黨規黨紀，堅定理想信念宗旨，貫徹落實黨的理論和路線方針政策，維護黨中央集中統一領導，牢固樹立政治意識、大局意識、核心意識、看齊意識等情況，維護黨的團結統一，確保全黨在思想上政治上行動上始終同以習近平同志為核心的黨中央保持高度一致。通過監督堅持民主集中制、嚴肅黨內政治生活、落實全面從嚴治黨責任、落實中央八項規定精神等情況，保證黨的組織充分履行職能、發揮核心作用，保證全體黨員發揮先鋒模範作用，保證黨的領導幹部忠誠乾淨擔當。

全面從嚴治黨的重點是主要領導幹部，必須破解一把手監督難題。黨要管黨，首先要管好主要領導幹部；從嚴治黨，首先要治好主要領導幹部。從黨的十八大以來查處的違紀違法案件看，一把手違紀違法最易產生催化、連鎖反應，甚至造成區域性、系統性、塌方式腐敗。這些一把手之所以從「好幹部」淪為「階下囚」，有理想信念動搖、外部「圍獵」的原因，更有日常管理監督不力的原因。主要領導幹部責任越重大、崗位越重要，就越要加強黨內監督。正是基於這些考慮，《條例》抓住「關鍵少數」，把黨內監督的重點對象明確為黨的領導

機關和領導幹部特別是主要領導幹部。《條例》所規定的黨的領導幹部述責述廉、個人有關事項報告、插手干預重大事項記錄等制度，也適用於黨組織主要負責人。認真貫徹執行《條例》所規定的各項制度，有助於破解一把手監督難題，確保全面從嚴治黨取得更大實效。

全面從嚴治黨的基礎在全面，必須建立科學系統的黨內監督體系。就管黨治黨來說，「全面」主要是指內容無死角、主體全覆蓋、貫穿全過程，涉及各個主體、各個方面、各個部門，靠全黨、管全黨、治全黨。各級黨組織都要肩負起監督責任，不斷完善黨內監督體系，解決監督主體比較分散、監督責任不夠明晰、監督制度針對性操作性不強等問題，使監督主體及其責任更加明確，各主體監督職責界定更加科學，黨員個人參與監督的機制更加完備。要建立健全黨中央統一領導、黨委（黨組）全面監督、紀律檢查機關專責監督、黨的工作部門職能監督、黨的基層組織日常監督、黨員民主監督的黨內監督體系。要完善黨員與黨員之間、黨組織與黨員之間、各級黨組織之間的監督，強化自上而下的組織監督，改進自下而上的民主監督，發揮同級相互監督作用。要把黨內監督和外部監督結合起來，形成監督合力。

全面從嚴治黨的關鍵在嚴，必須確保黨內監督沒有禁區、沒有例外。管黨治黨，必須嚴字當頭，做到真管真嚴、敢管敢嚴、長管長嚴。首先，要通過監督嚴明法紀。把紀律挺在前面，運用監督執紀「四種形態」，嚴明黨的紀律特別是政治紀律和政治規矩，不允許有不遵守黨紀黨規、不參加組織生活、不接受監督的特殊黨員，也不允許有不受監督、不擔責任的特殊組織。其次，要通過監督嚴管權力。從嚴治黨的關鍵在於加強對權力運行的制約和監督。黨內不允許有不受制約的權力。要加強權力運行制約和監督機制建設，形成有權必有責、有

責要擔當、用權受監督、失責必追究的制度安排。再次，要通過監督嚴抓作風。堅持抓常、抓細、抓長，深入推進作風建設，及時發現、查處違規行為，尤其要防範和查處各種隱性、變異的「四風」問題，使落實中央八項規定精神常態化、長效化。最後，要通過監督嚴懲腐敗。堅持無禁區、全覆蓋、零容忍，做到有案必查、有腐必懲，讓腐敗分子在黨內沒有藏身之地。

全面從嚴治黨的要害在治，必須通過黨內監督破解管黨治黨工作難題。問題是時代的聲音，是工作的導向。作為全面從嚴治黨的重要環節，加強黨內監督就是要解決管黨治黨工作難題。《條例》第五條規定，黨內監督的任務是確保黨章黨規黨紀在全黨有效執行，維護黨的團結統一，重點解決黨的領導弱化、黨的建設缺失、全面從嚴治黨不力，黨的觀念淡薄、組織渙散、紀律鬆弛，管黨治黨寬鬆軟問題，保證黨的組織充分履行職能、發揮核心作用，保證全體黨員發揮先鋒模範作用，保證黨的領導幹部忠誠乾淨擔當。為此，《條例》堅持黨內監督和外部監督相結合，明確了黨內黨外監督主體權責，完善了各類監督制度機制，織密了無所不在的監督網。充分發揮好這些監督制度機制的作用，把黨內各種問題置於黨和人民群眾全方位監督之下，有利於及時發現、有效解決這些問題，提高管黨治黨能力，確保黨始終走在時代前列、永遠立於不敗之地。

加強黨內監督是全面從嚴治黨的關鍵措施

全面從嚴治黨，制度帶有根本性、全域性、穩定性、長期性。《條例》系統總結了黨的十八大以來管黨治黨的實踐成果，科學回答了新

形勢下加強黨內監督的重大理論和現實問題，充分體現了尊崇黨章、制度管黨、依規治黨的基本原則，進一步夯實了全面從嚴治黨的制度基石。我們要認真學習領會把握黨的十八屆六中全會精神和《條例》精髓，把黨內監督各項制度運用好、執行好，確保全面從嚴治黨落到實處。

　　全面從嚴治黨，要堅持民主集中制。民主集中制是黨的根本組織原則和領導制度，是黨最重要的政治紀律和組織紀律。堅持民主集中制是強化黨內監督的核心，是全面從嚴治黨的重要支撐。強化黨內監督，要把民主基礎上的集中和集中指導下的民主有機結合起來，切實加強上級對下級、同級之間以及下級對上級的監督。要堅持集體領導、民主集中、個別醞釀、會議決定的原則，營造民主討論的良好氛圍，鼓勵講真話、講實話、講心裡話，廣泛聽取各方面意見和建議。要善於進行正確集中，確保黨員個人服從黨的組織、少數服從多數、下級組織服從上級組織、全黨各個組織和全體黨員服從黨的全國代表大會和中央委員會。要強化對民主集中制執行情況的監督檢查，促使全黨同志善於運用民主集中制的辦法做好工作。各級領導幹部尤其是主要領導幹部要自覺做表率、樹標杆，堅持按照民主集中制議事、決策、辦事。

　　全面從嚴治黨，要用好批評和自我批評這個武器。批評和自我批評是我們黨的優良傳統，是黨內監督的有力武器，是全面從嚴治黨的重要法寶。用好這個武器的關鍵是嚴肅黨內政治生活，讓批評和自我批評成為黨內政治生活的常態、成為每個黨員幹部的必修課。對自己的缺點錯誤，要敢於正視、深刻剖析、主動改正；對別人的缺點錯誤，要敢於指出、幫助改進；對同志的提醒批評，要聞過則喜、虛心接受。自我批評要一日三省，相互批評要隨時隨地。要本著對自己、對同志、對班子、對黨高度負責的態度，大膽使用、經常使用批評和自我

批評這個武器，使之越用越靈、越用越有效。

　　全面從嚴治黨，要充分發揮巡視監督利劍作用。巡視是黨章賦予的重要職責，是黨內監督的戰略性制度安排，是全面從嚴治黨的利劍。《中國共產黨巡視工作條例》將「實現巡視全覆蓋、全國一盤棋」寫入總則。實現巡視無例外、監督無死角，這是黨內監督的重大發展。要充分發揮巡視監督的震懾作用，緊扣「六大紀律」，增強巡視監督的權威性、針對性、實效性，以監督的無處不在實現紀律的無處不嚴。要善於見微知著、由表及裡，抓住個性、把握共性，把巡視監督和派駐監督結合起來，使巡視節奏更快、效率更高。要善於運用巡視成果，對巡視發現的問題和線索要分類處置、注重統籌，在件件有著落上集中發力。對巡視整改落實情況，要開展「回頭看」，揪住不放；對敷衍整改、整改不力、拒不整改的，要嚴肅追責。要充分運用巡視中發現的反面典型開展警示教育，讓黨員幹部知所畏、知所止、知所守。

　　全面從嚴治黨，要強化紀委的監督執紀問責職責。黨的各級紀律檢查委員會是黨內監督的專責機關，履行監督執紀問責職責，加強對所轄範圍內黨組織和領導幹部遵守黨章黨規黨紀、貫徹執行黨的路線方針政策情況的監督檢查。《條例》總結黨的十八大以來紀檢體制改革成果，專章規定了紀委監督的職責任務、體制機制、形式程序，提升了紀委在黨內監督體系中的重要地位，進一步強化了派駐紀檢組的監督職能，明確了紀委監督的方式手段，完善了紀委監督的基本程序。貫徹落實好這些規定，強化紀委監督執紀問責職責，有利於更好發揮紀委在全面從嚴治黨中的重要作用。

《人民日報》（2016 年 12 月 09 日　07 版）

把堅持和加強黨的全面領導落到實處

王東峰

習近平同志在黨的十九大報告中強調：「勇於自我革命，從嚴管黨治黨，是我們黨最鮮明的品格。必須以黨章為根本遵循，把黨的政治建設擺在首位，思想建黨和制度治黨同向發力，統籌推進黨的各項建設。」這是以習近平同志為核心的黨中央對黨的建設的明確要求，為新時代推進黨的建設新的偉大工程指明了方向。習近平同志對河北知之深、愛之切，黨的十八大以來6次視察河北，對河北工作作出一系列重要指示和要求。我們一定要牢記習近平同志的諄諄教導，深入學習宣傳貫徹黨的十九大精神，不忘初心、牢記使命，堅持黨要管黨、全面從嚴治黨，努力把各級黨組織建設得更加堅強有力，為貫徹落實習近平同志重要指示和黨中央決策部署提供堅強保證，把堅持和加強黨的全面領導落到實處。

堅定不移維護以習近平同志為核心的黨中央權威和集中統一領導

旗幟鮮明講政治是我們黨作為馬克思主義政黨的根本要求。保證全黨服從中央，堅持黨中央權威和集中統一領導，是黨的政治建設的首要任務。河北是京畿要地，擔負著拱衛首都的政治責任，更要提高政治站位、站穩政治立場、履行政治責任。

　　牢固樹立「四個意識」，把維護和捍衛習近平同志核心地位作為最大的政治，作為最重要的政治紀律和政治規矩，在政治立場、政治方向、政治原則、政治道路上自覺同以習近平同志為核心的黨中央保持高度一致，自覺向黨中央看齊，向習近平同志看齊，向黨的理論和路線方針政策看齊，向黨中央決策部署看齊。始終對黨絕對忠誠，任何時候、任何情況下都要以黨的旗幟為旗幟、以黨的方向為方向、以黨的意志為意志，做到黨中央提倡的堅決響應、黨中央決定的堅決執行、黨中央禁止的堅決不做，在大是大非面前立場堅定，勇於同一切錯誤言行作鬥爭，堅決防止和反對個人主義、分散主義、自由主義、本位主義、好人主義，堅決防止和反對宗派主義、圈子文化、碼頭文化，堅決反對搞「兩面派」、做「兩面人」，堅決徹底肅清周本順等嚴重違紀違法案件的惡劣影響。自覺做到「四個服從」，認真貫徹《中共中央政治局關於加強和維護黨中央集中統一領導的若干規定》精神，堅決聽從黨中央指揮，不打折扣、不做選擇、不搞變通，確保黨中央政令暢通、落地見效。堅決貫徹黨的理論和路線方針政策，一切工作都要以貫徹落實黨中央決策部署為前提，自覺在以習近平同志為核心的黨中央集中統一領導下履行職責，創造性地開展工作，盡心竭力把河北的事情辦好，以一域之光為全域添彩。

堅定不移用習近平新時代中國特色社會主義思想武裝頭腦

　　重視加強理論武裝，是我們黨的優良傳統和寶貴經驗。理論創新每前進一步，理論武裝就要跟進一步。黨的十八大以來，以習近平同志為核心的黨中央從理論和實踐結合上系統回答新時代堅持和發展什

麼樣的中國特色社會主義、怎樣堅持和發展中國特色社會主義這一重大時代課題，形成了習近平新時代中國特色社會主義思想。將這一重要思想確立為我們黨必須長期堅持的指導思想，是黨的十九大的重要理論成果和重大歷史貢獻。我們要把學習貫徹習近平新時代中國特色社會主義思想作為重大政治任務，全面落實到各項工作、各個領域、各個方面。

　　堅持原原本本認真學，深入學習習近平同志所作的黨的十九大報告，深入學習《習近平談治國理政》第一卷、第二卷，深刻領會貫穿其中的馬克思主義立場、觀點、方法，深刻認識蘊含其中的科學性、時代性、實踐性、革命性，切實增強貫徹落實的思想自覺和行動自覺。堅持融會貫通系統學，在學思踐悟中增強政治認同、思想認同、理論認同、情感認同，增強中國特色社會主義道路自信、理論自信、制度自信、文化自信。堅持聯繫實際深入學，把自己擺進去，把職責擺進去，深化對落實主體責任和分管領域、負責工作的認識和思考，堅持不懈用習近平新時代中國特色社會主義思想武裝頭腦、指導實踐、推動工作，始終以理論上的清醒保證政治上的堅定和行動上的自覺。

堅定不移培養造就忠誠乾淨擔當的領導班子和幹部隊伍

　　貫徹落實黨的十九大精神，決勝全面建成小康社會，開啟全面建設社會主義現代化國家新征程，關鍵在黨、關鍵在人，關鍵在於建設堪當重任的領導班子和幹部隊伍。

　　築牢精神支柱，深入推進「兩學一做」學習教育常態化制度化，認真組織開展「不忘初心、牢記使命」主題教育，引導廣大黨員、幹

部牢記革命理想高於天，自覺做共產主義遠大理想和中國特色社會主義共同理想的堅定信仰者和忠實實踐者。嚴肅黨內政治生活，從領導班子成員做起，堅持高標準、嚴要求，以身作則、率先垂範，認真落實民主集中制，增強黨內政治生活的政治性、時代性、原則性、戰鬥性。突出政治標準，堅持正確選人用人導向，嚴把政治關、作風關、能力關、廉潔關，提拔重用牢固樹立「四個意識」和「四個自信」、堅決維護黨中央權威、全面貫徹執行黨的理論和路線方針政策、忠誠乾淨擔當的幹部。注重培養專業能力、專業精神，選拔使用經過實踐考驗的優秀年輕幹部。全面增強執政本領，重點是增強學習本領、政治領導本領、改革創新本領、科學發展本領、依法執政本領、群眾工作本領、狠抓落實本領、駕馭風險本領，牢牢把握工作主動權。加強基層組織建設，以提升組織力為重點，突出政治功能，堅持改革創新，持續強基固本，選好配強基層黨組織書記，整頓軟弱渙散黨組織，真正把基層黨組織建設成為宣傳黨的主張、貫徹黨的決定、領導基層治理、團結動員群眾、推動改革發展的堅強戰鬥堡壘。

堅定不移推動反腐敗鬥爭向縱深發展

　　嚴厲懲治腐敗，關係黨的生死存亡，關係事業興衰成敗。黨的十八大以來，以習近平同志為核心的黨中央以「得罪千百人、不負十三億」的使命擔當，正風肅紀反腐，堅決整治解決人民群眾反映最強烈、對黨的長期執政威脅最大的問題，清除黨和國家重大政治隱患，使黨的面貌在革命性鍛造中煥然一新，為黨和國家事業發生歷史性變革提供了堅強政治保證。黨的十九大對深入推進反腐敗鬥爭作出

新部署，彰顯了以習近平同志為核心的黨中央從嚴管黨治黨的頑強意志和科學精神。

我們要深刻認識黨面臨「四大考驗」的長期性和複雜性，深刻認識黨面臨「四種危險」的尖銳性和嚴峻性，切實擔負起管黨治黨的政治責任和主體責任，堅持問題導向，保持戰略定力，推動全面從嚴治黨向縱深發展。堅持全面從嚴治黨永遠在路上，以持之以恆的韌勁正風肅紀。各級領導幹部要帶頭認真貫徹中央八項規定精神及其實施細則，帶頭抓好本地區、本部門作風建設，帶頭反對特權思想和特權現象，堅持把紀律和規矩挺在前面，用好監督執紀「四種形態」，對各種突出問題勇於一抓到底，對各類不正之風敢於較真碰硬。以堅如磐石的決心懲治腐敗，堅持標本兼治，加大對違紀違法案件查辦力度，保持高壓態勢，減少腐敗存量，遏制腐敗增量，強化不敢腐的震懾，紮牢不能腐的籠子，增強不想腐的自覺。自覺強化監督，深化政治巡視巡察，充分發揮巡視巡察利劍作用。堅決落實黨中央深化國家監察體制改革重大決策部署，組建省市縣三級監察委員會，實現對所有行使公權力的公職人員監察全覆蓋。

堅定不移以良好作風確保黨的十九大精神落地見效

習近平同志指出：「清談誤國、實幹興邦，一分部署、九分落實。」要堅持強化擔當擔責抓落實，深入學習宣傳貫徹黨的十九大精神，在學懂弄通做實上下功夫，把落實習近平同志對河北工作的重要指示和黨中央決策部署作為踐行「四個意識」的實際行動，堅持領導幹部帶頭，守土有責、守土負責、守土盡責，奮力拼搏、鞠躬盡瘁，勇

於直面矛盾、勇於攻堅克難，一切工作都要與黨中央精神對標對表、接續奮鬥、創新競進、爭先創優，以河北之進服務全國改革發展穩定大局。

堅持突出重點抓落實，聚焦黨的十九大精神和習近平同志對河北工作的一系列重要指示精神推動工作落實。既要立足現實破解難題、開創工作新局面，又要著眼未來發展、抓好打基礎利長遠的戰略性事業。深入推進京津冀協同發展，高起點規劃、高標準建設雄安新區，堅決打贏脫貧攻堅戰，全面深化改革、擴大開放，大力推進環境污染治理和生態文明建設，有效化解過剩產能，推進產業轉型升級和重大專案建設，優化投資營商和發展環境，保障改善民生，強化安全生產，維護社會穩定，加強黨的建設和推進全面從嚴治黨。扭住這些重點工作不放鬆，一抓到底，確保取得實效。堅持健全責任制抓落實，堅持目標導向和問題導向相結合，搞好科學量化，定性定量結合，建立工作臺賬，明確時間表、路線圖、責任人，列出問題清單、責任清單、整改清單、效果清單，堅持誰主管誰負責、誰牽頭誰協調，一級對一級負責，一級幫助一級解決問題。堅持改進領導作風抓落實，大力宣導各級領導幹部下基層，使決策和工作更接地氣、更有實效，對議定的事項、看准的工作堅決幹、馬上辦，擼起袖子加油幹，持續用力、久久為功，以功成不必在我的精神將一張藍圖繪到底。堅持督查考核問責抓落實，從現在到 2020 年底前在全省開展重點工作大督查，抽調精兵強將組成督查組分級到市縣推動檢查落實，聚焦重大問題，改進督查方式，強化考核問責，推動習近平同志對河北工作重要指示和黨中央決策部署落地落實。堅持完善長效機制抓落實，嚴管和厚愛結合、激勵和約束並重，進一步完善請示報告制度、績效考核制度、

容錯糾錯機制，為那些敢於擔當、踏實做事、不謀私利的幹部撐腰鼓勁，營造風清氣正、幹事創業的良好政治生態。

《人民日報》（2017 年 12 月 14 日　07 版）

堅持黨的基本路線　推動社會全面進步

賈高建

習近平同志在「7‧26」重要講話中強調，堅持黨的基本路線，在繼續推動經濟發展的同時，更好解決我國社會出現的各種問題，更好實現各項事業全面發展，更好發展中國特色社會主義事業，更好推動人的全面發展、社會全面進步。這一重要論述，直接關係現階段中國特色社會主義事業的總體部署，需要從理論與實踐的結合上深入學習領會。

黨的基本路線符合社會基本矛盾運動規律和我國社會主義初級階段基本國情，必須毫不動搖繼續堅持

對於一個馬克思主義政黨來說，要領導人民推動社會發展進步，必須正確認識和判斷所處的發展階段，並由此出發確定黨在這一階段的基本路線。新中國成立後，我們黨在這方面進行了積極探索，取得了重要認識成果，但也經歷了嚴重失誤和曲折。黨的十一屆三中全會後，我們黨撥亂反正，把黨和國家的工作重點轉移到經濟建設上來，開啟了改革開放新時代。經過實踐探索和深刻反思，我們黨形成了我國仍處於並將長期處於社會主義初級階段的戰略判斷，進而確定了黨在社會主義初級階段的基本路線，即「領導和團結全國各族人民，以經濟建設為中心，堅持四項基本原則，堅持改革開放，自力更生，艱

苦創業，為把我國建設成為富強民主文明和諧的社會主義現代化國家
而奮鬥」。這一基本路線的核心內容，就是「一個中心、兩個基本點」。

　　這一基本路線的形成，體現了我們黨在總結以往經驗教訓的基礎
上，對社會基本矛盾運動規律的深刻認識。按照歷史唯物主義的觀點，
生產力與生產關係、經濟基礎與上層建築相互作用、相互制約，形成
社會基本矛盾，制約著整個社會結構體系的存在和發展；其中，生產
力在社會基本矛盾運動中起著最終決定作用。當然，在社會發展的不
同階段，社會基本矛盾的具體狀況是不同的。在社會主義社會建立之
前，舊的生產關係嚴重阻礙生產力發展，舊的上層建築又極力維護舊
的經濟基礎，因而必須從根本上加以改變，通過社會革命來解決矛盾。
而在社會主義社會建立之後，在新的生產關係推動下大力發展生產力
便成為社會的根本任務。這個問題能否解決，從根本上制約著整個社
會的發展和進步。所以，把黨和國家的工作重點從階級鬥爭轉移到經
濟建設上來，把經濟建設擺在中心位置，就成為社會基本矛盾運動規
律的必然要求。社會主義生產關係及其上層建築從根本性質上說適合
生產力的發展要求，因而必須堅持；但在一些具體環節和方面以及作
為基本制度實現形式的具體體制上，仍存在各種不適應的情況，所以
又需要通過改革加以調整和完善。由此，堅持四項基本原則、堅持改
革開放，便成為不可或缺的兩個基本點。

　　從我國社會主義社會的具體實際看，我們是在經濟文化比較落後
的基礎上建設社會主義的。雖然我國已經確立了社會主義基本制度，
但仍然處於並將長期處於社會主義初級階段。在這一特殊條件下，發
展生產力這一根本任務更加迫切地擺在我們面前，要求我們緊緊扭住
經濟建設這個中心不放鬆，儘快提高生產力發展水準。還應看到，新

中國成立後的制度設計很大程度上借鑒了蘇聯模式，形成了一種高度集中的計劃經濟體制。這種體制逐漸顯露出不利於生產力發展的弊端，需要通過全面改革建立更加有利於生產力發展的新體制。當然，這種改革不是要改變基本制度，而是要為社會主義制度尋找更為適宜的實現形式。這樣一來，「一個中心、兩個基本點」在當代中國的實踐中便有了特殊的内涵，反映著社會主義初級階段的歷史特點。

　　正因如此，我們黨對這一基本路線特別重視和強調。黨的十三大對基本路線的内容作出了明確概括和闡述，黨的十四大將其正式寫入黨章。黨的十五大、十六大、十七大、十八大都一以貫之地突出強調這一基本路線，要求全黨無論遇到什麼困難和風險，都必須毫不動搖地加以堅持。正是在這一基本路線的指引下，我們黨帶領人民聚精會神搞建設，大力發展生產力，在堅持四項基本原則的前提下全面實行改革開放，推動中國特色社會主義事業不斷向前發展，取得了舉世矚目的重大成就。實踐充分證明，「一個中心、兩個基本點」的基本路線符合社會基本矛盾運動的客觀規律和我國社會主義初級階段的基本國情，是我們事業成功的根本保證，因而必須繼續堅持下去。正如習近平同志一再指出的：「黨的基本路線是國家的生命線、人民的幸福線，我們要堅持把以經濟建設為中心作為興國之要、把四項基本原則作為立國之本、把改革開放作為強國之路，不能有絲毫動搖。」

從中國特色社會主義事業全域的高度深刻理解把握黨的基本路線，推動當代中國社會全面進步

　　黨的基本路線的提出是以社會基本矛盾運動的客觀規律和我國社

會主義初級階段的基本國情為依據的，而它的著眼點則是整個社會發展的統一進程和建設中國特色社會主義事業全域。要真正堅持好、貫徹好黨的基本路線，就必須立足於這一高度，深刻理解和把握其內在要求。

按照歷史唯物主義的觀點，人類社會結構體系是一個有機聯繫的整體，社會基本矛盾所體現的，正是這一整體聯繫的內在機制。生產力與生產關係、經濟基礎與上層建築按照各自的功能定位相互制約、相互作用，推動社會各領域的進步和發展，最終形成社會整體發展的統一進程。因此，在建設中國特色社會主義實踐中，必須遵循社會基本矛盾運動規律，將社會各個領域的建設和發展協調統一起來，從整體上加以推進。以「一個中心、兩個基本點」為核心內容的黨的基本路線，內在地包含著社會發展的這一整體性要求，體現了協調推進社會各領域發展的客觀邏輯。

應當看到，黨的基本路線突出強調以經濟建設為中心，是因為生產力在社會結構體系中處於根本地位，以及發展生產力作為社會主義社會的根本任務在我國社會主義初級階段顯得尤為迫切。不發展生產力，經濟建設搞不上去，其他領域的建設就沒有根基，整個社會的發展都會受到限制。同時也應看到，以經濟建設為中心絕不是「單打一」，只要抓好經濟建設就可以了；而是要圍繞這一中心，協調推進社會各個領域的建設和發展。抓經濟建設是發展生產力，而要發展生產力就必須調整好生產關係以及與之相適應的上層建築。只有協調推進社會結構體系各個層次、各個領域共同發展，才能為生產力發展創造必要的社會條件。因此，黨的基本路線在突出「一個中心」的同時，還強調「兩個基本點」，即堅持四項基本原則、堅持改革開放。其著眼點

就是要解決生產關係和上層建築方面的問題，破除那種已被實踐證明不成功的舊體制，代之以更加適合生產力發展要求的新體制，將社會各個領域的發展推進到新水準。「一個中心」與「兩個基本點」是緊密聯繫的，「兩個基本點」圍繞和服務於「一個中心」，而「一個中心」規定和支撐著「兩個基本點」，二者統一於建設中國特色社會主義的偉大實踐，推動著當代中國社會全面發展和進步。

　　進一步說，人類社會的主體是人，人是社會結構體系的承擔者，而由經濟、政治、文化等基本領域所構成的整個社會結構體系則作為社會客體與主體相對應。歷史唯物主義認為，社會主體與社會客體是相互聯繫和制約的。人作為現實的人生活於現實的社會中，作為客體的社會結構體系規定著人的存在和發展；而人作為主體，又要根據自己的需求在實踐中能動地認識和改造社會客體。就價值關係而言，人（主體）是目的，社會（客體）是手段，社會發展最終是為人的發展和解放服務的。在建設中國特色社會主義的實踐中，要將人的發展和解放作為整個社會發展的最高價值目標。對於黨在社會主義初級階段的基本路線，也要從這一價值目標出發去理解。我們搞經濟建設也好，推進改革開放和社會各領域的發展也好，最終都是為了滿足廣大人民群眾自身發展的需要，為了他們的根本利益更好地得到實現。為實現這一目標，首先當然要重視發展生產力，把經濟建設搞上去；但與此同時，人民群眾的需求和利益又是多層次、多方面的，還必須協調推進社會各個層次、各個領域的進步和發展，使人民群眾的根本利益全方位地得到實現。

　　我們強調社會主義初級階段是最大國情，但初級階段不是一成不變的。在牢牢把握這一最大國情的同時，還應充分瞭解其不斷變化的特點，及時研究和解決實踐中出現的新問題。經過近 40 年的不懈努力，

我國社會生產力已經有了很大發展，各項改革不斷深化，經濟建設、政治建設、文化建設、社會建設、生態文明建設等各方面都取得了重大成就。隨著整個社會的發展進步，人民生活水準顯著提高，各方面利益不斷得到實現。同時也應看到，我國的發展還不夠充分，生產力水準還不夠高；改革的任務仍很艱巨，還有許多難啃的硬骨頭；如何將社會各領域的發展與經濟發展更好地協調和統一起來，還有不少問題需要進一步解決；在已有基礎上，人民群眾對美好生活的嚮往更加強烈，需求呈現多樣化多層次多方面的特點。面對新情況新要求，我們必須有清醒的認識，作出新的更大努力。首先還是要繼續堅持以經濟建設為中心，大力發展生產力，這一條不能有任何鬆懈；同時還要以更大的政治勇氣和智慧全面深化改革，並且要更加注重改革的系統性、整體性和協同性，更加重視社會各領域的共同發展和進步。正如習近平同志所強調的，在繼續推動經濟發展的同時，更好解決我國社會出現的各種問題，更好實現各項事業全面發展，更好發展中國特色社會主義事業，更好推動人的全面發展、社會全面進步。

建設中國特色社會主義是一項長期而艱巨的歷史任務，黨在社會主義初級階段的基本路線為我們的事業發展指出了正確方向和路徑。當前，中國特色社會主義進入了新的發展階段。我們要在以習近平同志為核心的黨中央領導下，以新的精神狀態和奮鬥姿態投入新的實踐，統籌推進「五位一體」總體佈局，協調推進「四個全面」戰略佈局，為決勝全面建成小康社會、實現「兩個一百年」奮鬥目標和中華民族偉大復興的中國夢而奮鬥，努力奪取中國特色社會主義新的更大勝利。

《人民日報》（2017 年 09 月 21 日　07 版）

增強黨內政治生活的政治性時代性原則性戰鬥性

謝春濤

習近平同志在省部級主要領導幹部學習貫徹黨的十八屆六中全會精神專題研討班開班式上的重要講話，闡述了增強黨內政治生活的政治性、時代性、原則性、戰鬥性的科學內涵，為新形勢下加強和規範黨內政治生活提供了重要遵循。

增強黨內政治生活的政治性

習近平同志指出，增強黨內政治生活的政治性，就是黨內政治生活要把握堅定正確的政治方向，引導黨員、幹部自覺維護黨中央權威、維護黨的團結和集中統一。

中國共產黨之所以能夠領導人民取得革命、建設和改革的一系列重大成就，其原因是多方面的。其中，堅強的領導核心、中央的高度權威是不可或缺的重要因素。中國共產黨 96 年的歷史充分證明了這一點。新形勢下，為進一步維護黨中央權威、保證黨的團結統一，黨的十八屆六中全會正式明確了習近平同志在中央和全黨的核心地位。全會通過的《關於新形勢下黨內政治生活的若干準則》強調：「堅持黨的領導，首先是堅持黨中央的集中統一領導。」「堅決維護黨中央權威、保證全黨令行禁止，是黨和國家前途命運所系，是全國各族人民根本利益所在，也是加強和規範黨內政治生活的重要目的。」

　　增強黨內政治生活的政治性，必須堅持「四個服從」，即堅持黨員個人服從黨的組織、少數服從多數、下級組織服從上級組織、全黨各個組織和全體黨員服從黨的全國代表大會和中央委員會，核心是全黨各個組織和全體黨員服從黨的全國代表大會和中央委員會。必須牢固樹立政治意識、大局意識、核心意識、看齊意識，自覺在思想上政治上行動上同黨中央保持高度一致，做到黨中央提倡的堅決響應、黨中央決定的堅決執行、黨中央禁止的堅決不做。涉及全黨全國的重大方針政策問題，只有黨中央有權作出決定和解釋。各部門各地方黨組織和黨員領導幹部可以向黨中央提出建議，但不得擅自作出決定和對外發表主張。

　　全黨必須自覺服從黨中央領導。全國人大、國務院、全國政協，中央紀律檢查委員會，最高人民法院、最高人民檢察院，中央和國家機關各部門，人民軍隊，各人民團體，各地方，各企事業單位、社會組織，其黨組織要定期向黨中央報告工作，不折不扣地執行黨中央的決策部署。省、自治區、直轄市黨委在黨中央領導下開展工作，同級各個組織中的黨組織和領導幹部要自覺接受同級黨委領導、向同級黨委負責，重大事項和重要情況及時向同級黨委請示報告。

　　全黨必須自覺防止和反對個人主義、分散主義、自由主義、本位主義。對黨中央決策部署，任何黨組織和任何黨員都不准合意的執行、不合意的不執行，不准先斬後奏，更不准口是心非、陽奉陰違。

增強黨內政治生活的時代性

　　習近平同志指出，增強黨內政治生活的時代性，就是黨內政治生

活要緊跟時代步伐、聆聽時代聲音、回答時代課題,及時發現和解決黨內出現的新問題,使黨內政治生活始終充滿活力。

　　1980 年,黨的十一屆五中全會制定了《關於黨內政治生活的若干準則》,其目的是總結「文化大革命」的教訓,防止類似的錯誤再次發生。《關於黨內政治生活的若干準則》的制定和公佈,為撥亂反正、恢復和健全黨內政治生活、推進黨的建設發揮了重要作用。36 年後,黨的十八屆六中全會為什麼要制定《關於新形勢下黨內政治生活的若干準則》?標題中「新形勢下」的說法,實際上就回答了這個問題。對於「新形勢」,我們可以作出多方面的解讀。「四大考驗」就是其中一個方面。首先,經受住執政考驗很不容易。在去年的「七一」重要講話中,習近平同志重提「趕考」的話題,談的就是這一考驗。改革開放考驗,市場經濟考驗,外部環境考驗,也都非常嚴峻。尤其是市場經濟考驗,可以說是最嚴峻的考驗。建立社會主義市場經濟體制,對於發展經濟具有極大的促進作用。但是,市場經濟的等價交換原則如果被引入黨內政治生活,就一定會出問題。有人把它引入黨內,進行權錢交易、權色交易,沒有經受住這個考驗。「新形勢」還可以作別的解讀,習近平同志多次講的要進行具有許多新的歷史特點的偉大鬥爭,也是重要表現。很多新的歷史特點,應對起來也很不容易。比如,我國發展了、強盛了,但國際社會有人不希望看到中華民族真正實現偉大復興,不斷給中國製造麻煩。能否處理好這些麻煩,就是一種重大考驗。

　　總的來說,「新形勢」對於黨的建設的要求越來越高,而我們黨內還存在著不完全適應的一面。習近平同志在黨的十八屆六中全會上對《關於新形勢下黨內政治生活的若干準則》所作的說明,指出了這

些年黨內政治生活中出現的突出問題。比如，在一些黨員、幹部包括高級幹部中，理想信念不堅定、對黨不忠誠、紀律鬆弛、脫離群眾、獨斷專行、弄虛作假、庸懶無為，個人主義、分散主義、自由主義、好人主義、宗派主義、山頭主義、拜金主義不同程度存在，形式主義、官僚主義、享樂主義和奢靡之風問題突出，任人唯親、跑官要官、買官賣官、拉票賄選現象屢禁不止，濫用權力、貪污受賄、腐化墮落、違法亂紀等現象滋生蔓延。特別是高級幹部中極少數人政治野心膨脹、權慾薰心，搞陽奉陰違、結黨營私、團團夥夥、拉幫結派、謀取權位等政治陰謀活動。

　　一段時間以來，我們很少見到文件講黨內的問題講得這麼多、講得這麼尖銳。為什麼要自曝家醜？就是要解決這些問題。為什麼會出現這些問題？就在於黨內政治生活不夠嚴格，黨的紀律規矩存在寬鬆軟的情況。有些方面有規矩，但是沒有得到很好執行；也有些方面的規矩過時了、不適用了；還有些方面沒定出規矩。所以，應該把黨內的各種規矩特別是政治生活的規矩制定出來、完善起來，然後嚴格監督、執紀問責，讓每一名黨員、幹部都必須執行。如果不執行，甚至違反，那就要讓其付出代價。顯然，《關於新形勢下黨內政治生活的若干準則》既總結了我們黨嚴肅黨內政治生活的歷史經驗，又有很強的現實針對性，反映了黨的建設的時代特點和要求。

增強黨內政治生活的原則性

　　習近平同志指出，增強黨內政治生活的原則性，就是黨內政治生活要堅持黨的思想原則、政治原則、組織原則、工作原則，按原則處

理黨內各種關係，按原則解決黨內矛盾和問題。

《關於新形勢下黨內政治生活的若干準則》提出的十二條準則，都是黨內政治生活的準繩、判斷黨內是非曲直的標準。理想信念是中國共產黨人的精神支柱和政治靈魂，也是保持黨的團結統一的思想基礎，堅定理想信念是開展黨內政治生活的首要任務。黨在社會主義初級階段的基本路線是黨和國家的生命線、人民的幸福線，也是黨內政治生活正常開展的根本保證。堅決維護黨中央權威、保證全黨令行禁止，是黨和國家前途命運所系，是全國各族人民根本利益所在，也是加強和規範黨內政治生活的重要目的。紀律嚴明是全黨統一意志、統一行動、步調一致前進的重要保障，是黨內政治生活的重要內容。人民立場是黨的根本政治立場，人民群眾是黨的力量源泉，必須把保持黨同人民群眾的血肉聯繫作為加強和規範黨內政治生活的根本要求。民主集中制是黨的根本組織原則，是黨內政治生活正常開展的重要制度保障。黨內民主是黨的生命，是黨內政治生活積極健康的重要基礎。堅持正確選人用人導向，是嚴肅黨內政治生活的組織保證。黨的組織生活是黨內政治生活的重要內容和載體，是黨組織對黨員進行教育、管理、監督的重要形式。批評和自我批評是我們黨強身治病、保持肌體健康的銳利武器，也是加強和規範黨內政治生活的重要手段。監督是權力正確運行的根本保證，是加強和規範黨內政治生活的重要舉措。這些準則，為全面從嚴治黨特別是嚴肅黨內政治生活提供了尺子和依據。

增強黨內政治生活的戰鬥性

習近平同志指出，增強黨內政治生活的戰鬥性，就是黨內政治生

活要旗幟鮮明堅持真理、修正錯誤，勇於開展批評和自我批評，使每個黨組織都成為激濁揚清的戰鬥堡壘，使每個黨員都成為扶正袪邪的戰鬥員。

黨員、幹部必須堅決捍衛黨的基本路線，對否定黨的領導、否定我國社會主義制度、否定改革開放的言行，對歪曲、醜化、否定中國特色社會主義的言行，對歪曲、醜化、否定黨的歷史、中華人民共和國歷史、人民軍隊歷史的言行，對歪曲、醜化、否定黨的領袖和英雄模範的言行，對一切違背、歪曲、否定黨的基本路線的言行，必須旗幟鮮明反對和抵制。黨員、幹部特別是高級幹部在大是大非面前不能態度曖昧，不能動搖基本政治立場，不能被錯誤言論所左右。當人民利益受到損害、黨和國家形象受到破壞、黨的執政地位受到威脅時，要挺身而出、亮明態度，主動堅決開展鬥爭。

黨員、幹部要堅決同一切違反黨的紀律的行為作鬥爭，向黨負責地揭發、檢舉黨的任何組織和任何黨員違紀違法的事實。誰違反了紀律，不管其地位多高、資格多老，過去有什麼功勞苦勞，都應當受到批評教育；嚴重的要受到黨紀制裁，直至開除黨籍。要自覺防止和反對個人主義、分散主義、自由主義、本位主義，堅決反對形式主義、官僚主義、享樂主義和奢靡之風，堅決反對特權。黨的各級組織要堅持有腐必反、有貪必肅，堅持「老虎」「蒼蠅」一起打，堅持無禁區、全覆蓋、零容忍，黨內決不允許有腐敗分子的藏身之地。

《人民日報》（2017 年 05 月 05 日　07 版）

始終保持我們黨堅如磐石的戰略定力

李洪峰

習近平同志「7‧26」重要講話，通篇閃耀著中國共產黨戰略思維、戰略智慧的光輝。深入學習習近平同志這一重要講話精神，要特別注意學習貫穿其中高瞻遠矚、總攬全域的戰略自信、戰略清醒、戰略前瞻，始終保持我們黨堅如磐石的戰略定力，不斷奪取中國特色社會主義偉大勝利。

保持戰略定力必須保持戰略自信，確保黨和國家事業始終沿著正確方向前進

中國共產黨是具有強大戰略定力的偉大政黨。96 年來，中國共產黨之所以能夠承受其他政治力量不可能承受的艱難困苦，之所以能夠戰勝其他政治力量不可能戰勝的風險挑戰，之所以能夠完成其他政治力量不可能完成的艱巨任務，成為歷史的強者、時代的強者，領導中國人民深刻改變中國歷史發展的方向和進程、中國人民和中華民族的前途和命運、世界發展的趨勢和格局，使中華民族、中華文明和科學社會主義煥發新的蓬勃生機，一個根本原因就是在堅持馬克思主義、共產主義、中國特色社會主義方面始終保持強大戰略定力。有了強大戰略定力，才能站得穩腳跟、擔得起風險、把得住大局、看得清方向。

習近平同志在「7‧26」重要講話中指出，黨的十八大以來，在新

中國成立特別是改革開放以來我國發展取得的重大成就基礎上，黨和國家事業發生歷史性變革，我國發展站到了新的歷史起點上，中國特色社會主義進入了新的發展階段。這是一個重大戰略判斷。新的歷史起點、新的發展階段到底新在哪裡？新就新在我國正處於由大變強的重要歷史節點，新就新在我國正走在強國路上。歷史已經反復證明，中國站起來不容易，中國富起來不容易，中國強起來更加不容易。但歷史發展到今天，中國必定要強起來。這是中國共產黨和全體中華兒女不可動搖的決心，也是由共產黨執政規律、社會主義建設規律和人類社會發展規律所決定的歷史潮流。如果說中華人民共和國成立、中國建立社會主義制度、中國走上中國特色社會主義道路是 20 世紀世界最重大的政治事件之一，那麼，中國實現國家治理現代化、實現由富到強的歷史性跨越、成為社會主義現代化強國將是 21 世紀世界最重大的政治事件之一。對我們黨來說，這是新的世紀大考，也是新的偉大革命。

　　在新的歷史條件下，面對偉大的歷史使命，保持全黨的戰略自信具有特別重要的意義。戰略自信是戰略定力的基礎。習近平同志在「7·26」重要講話中強調，全黨必須高舉中國特色社會主義偉大旗幟，牢固樹立中國特色社會主義道路自信、理論自信、制度自信、文化自信，確保黨和國家事業始終沿著正確方向勝利前進。中國共產黨所擁有的道路自信、理論自信、制度自信、文化自信，不是從天上掉下來的，也不是人們頭腦裡所固有的。從根本上說，它源於實踐，源於我們黨領導的新民主主義革命的偉大實踐，源於我們黨建立、鞏固和發展社會主義制度的偉大實踐，源於我們黨領導和推動改革開放與中國特色社會主義事業的偉大實踐，源於我們黨領導和推進馬克思主義中

國化的偉大實踐。堅定以「四個自信」為主要內容的戰略自信，就是堅定中國共產黨、中國人民和中華民族的歷史自信，就是堅定黨和國家正在做的事情的現實自信，就是堅定黨和國家光明前途和偉大前景的未來自信。

中國特色社會主義是改革開放以來黨的全部理論和實踐的主題，中國特色社會主義偉大旗幟是指引中國走向繁榮富強的偉大旗幟。在主題和旗幟問題上，全黨同志必須毫不動搖、毫不含糊，任何時候任何情況下都絕不能有半點淡化和偏離。堅持和發展中國特色社會主義，是黨和國家正在做的事情。中國特色社會主義是不是好，要看事實，要看中國人民的判斷，而不是看那些戴著有色眼鏡的人們的主觀臆斷。中國共產黨和中國人民完全有信心、有能力為解決人類問題、為人類對更好社會制度的探索貢獻中國智慧、提供中國方案。高舉旗幟、圍繞主題，當前要著重做好兩件事：一是適應新形勢下我們黨進行偉大鬥爭、建設偉大工程、推進偉大事業、實現偉大夢想的迫切需要，保持和發揚馬克思主義政黨與時俱進的理論品格，以更寬廣的視野、更長遠的眼光來思考和把握國家未來發展面臨的一系列重大戰略問題，對黨的十八大以來馬克思主義中國化的最新成果作出理論上的新概括，勇於推進實踐基礎上的理論創新。這是我們黨的重大歷史責任，也是全黨全國各族人民對黨的十九大的重要期待。二是繼續以飽滿的政治熱情和高度負責的精神狀態，深入抓好用習近平同志系列重要講話精神武裝全黨這一工作，扎實提高各級領導幹部的理論思維和戰略思維能力，扎實提高黨的執政水準和領導水準。

保持戰略定力必須保持戰略清醒，堅持一切從實際出發

習近平同志在「7·26」重要講話中科學分析了當前形勢，深刻闡述了5年來黨和國家事業發展的歷史性變革，深刻闡述了新的歷史條件下堅持和發展中國特色社會主義的一系列重大理論和實踐問題，深刻闡述了未來一個時期黨和國家發展的大政方針和行動綱領。這篇重要講話，充分體現了以習近平同志為核心的黨中央的戰略清醒。事實上，保持戰略清醒是保持戰略定力的重要前提。

保持戰略清醒，必須正確把握國際國內大局、科學判斷形勢。習近平同志在「7·26」重要講話中指出，謀劃和推進黨和國家各項工作，必須深入分析和準確判斷當前世情國情黨情。我們強調重視形勢分析，對形勢作出科學判斷，是為制定方針、描繪藍圖提供依據，也是為了使全黨同志特別是各級領導幹部增強憂患意識，做到居安思危、知危圖安。分析國際國內形勢，既要看到成績和機遇，更要看到短板和不足、困難和挑戰，看到形勢發展變化給我們帶來的風險，從最壞處著眼，做最充分的準備，朝好的方向努力，爭取最好的結果。習近平同志在這裡強調了中國共產黨人面對國際國內大局和形勢變化必須具備實事求是精神，強調了我們認識世界、改造世界必須堅持科學世界觀和方法論。中國共產黨歷來以解決國家和人民問題為己任，歷來具有先天下之憂而憂、後天下之樂而樂的天下情懷。今天我們前所未有地接近中華民族偉大復興的目標，前所未有地走近世界舞臺的中心。當代中國正在發生廣泛而深刻的變革，當代世界正在發生廣泛而深刻的變化。我們要在迅速變化的時代中贏得主動，要在新的偉大鬥爭中贏得勝利，要帶領人民成功應對重大挑戰、抵禦重大風險、克服重大

阻力、解決重大矛盾，保持戰略清醒是至關重要的。這就需要科學判斷和正確把握時代趨勢和國際局勢的重大變化，科學判斷和正確把握世情國情黨情的深刻變化，科學判斷和正確把握實現「兩個一百年」奮鬥目標、實現中華民族偉大復興中國夢偉大歷史進程中出現的新情況、新問題，科學判斷和正確把握我們前進道路上已經遇到、將要遇到、可能遇到和難以預料的各種矛盾和困難、風險和挑戰，從而牢牢把握國際國內大局，不斷把中國特色社會主義偉大事業推向前進。

　　保持戰略清醒，必須牢牢立足社會主義初級階段這個最大實際。習近平同志在「7·26」重要講話中指出，全黨要牢牢把握社會主義初級階段這個最大國情，牢牢立足社會主義初級階段這個最大實際，更準確地把握我國社會主義初級階段不斷變化的特點。這進一步指明了我們黨明確宣示舉什麼旗、走什麼路、以什麼樣的精神狀態、擔當什麼樣的歷史使命、實現什麼樣的奮鬥目標，提出具有全域性、戰略性、前瞻性的行動綱領，謀劃和推進黨和國家各項工作的根本立足點和出發點。5年來，黨和國家各項事業發生歷史性變革，取得歷史性成就和歷史性進步。但必須清醒認識到，我國仍處於並將長期處於社會主義初級階段的基本國情沒有變，我們推進任何工作都要牢牢立足社會主義初級階段這個最大實際。不僅推進經濟建設要立足社會主義初級階段，統籌推進「五位一體」總體佈局和協調推進「四個全面」戰略佈局都要立足社會主義初級階段。只有這樣，才能始終堅持黨的基本路線不動搖。同時，要深刻認識我國社會主義初級階段不斷變化的特點，牢牢把握我國發展的階段性特徵，牢牢把握人民群眾對美好生活的嚮往，在繼續推動經濟發展的同時，大力加強政治建設、文化建設、社會建設和生態文明建設，更好解決我國社會出現的各種問題，

更好實現社會各項事業全面發展，更好發展中國特色社會主義事業，更好推動人的全面發展、社會全面進步。

保持戰略定力必須保持戰略前瞻，統籌推進「五位一體」總體佈局，協調推進「四個全面」戰略佈局

我們黨是面向未來的黨，我們黨堅如磐石的戰略定力建立在寬廣深遠的戰略前瞻基礎上。習近平同志在「7‧26」重要講話中強調，以更寬廣的視野、更長遠的眼光來思考和把握國家未來發展面臨的一系列重大戰略問題；提出新的思路、新的戰略、新的舉措，繼續統籌推進「五位一體」總體佈局、協調推進「四個全面」戰略佈局。這是我們黨戰略前瞻思想和能力的突出體現。

黨的十八大以來，以習近平同志為核心的黨中央推出一系列重大戰略舉措，出臺一系列重大方針政策，推進一系列重大工作，解決了許多長期想解決而沒有解決的難題，辦成了許多過去想辦而沒有辦成的大事。其中，最核心、最基本的是在「五位一體」總體佈局的基礎上，提出和確立了「四個全面」戰略佈局，實現了中國特色社會主義理論與實踐的重大創新和發展。一個總體佈局、一個戰略佈局，這兩大佈局是一個有機整體，都具有全域性、戰略性、前瞻性，統一於中國特色社會主義偉大實踐。深入學習貫徹習近平同志「7‧26」重要講話精神，必須保持戰略前瞻，不斷增強工作的原則性、系統性、預見性、創造性，以新的精神狀態和奮鬥姿態把中國特色社會主義推向前進。

全面建成小康社會是近期的戰略目標，也是為國家長遠發展奠定基礎的戰略目標。習近平同志指出：「到 2020 年全面建成小康社會，

實現第一個百年奮鬥目標，是我們黨向人民、向歷史作出的莊嚴承諾。」經過幾代中國共產黨人帶領人民持續奮鬥，全面建成小康社會現在已經到了決勝階段。習近平同志提出抓重點、補短板、強弱項「三項重要要求」，提出堅決打好防範化解重大風險、精準扶貧、污染防治「三大攻堅戰」，是對全面建成小康社會決戰決勝的系統謀劃和重點部署。我們要認真貫徹落實這些重要精神，使全面建成小康社會得到人民認可、經得起歷史檢驗。2020 年全面建成小康社會後，我們要激勵全黨全國各族人民為實現第二個百年奮鬥目標而努力，踏上建設社會主義現代化國家新征程。

全面深化改革是黨的十八大以來全黨全國工作的主旋律，也是著眼國家長遠發展提出的戰略舉措。新形勢下，我們要在改革全面發力、多點突破、縱深推進的基礎上，繼續全面深化改革。應深刻認識全面深化改革就是為國家新的更大發展注入新動力、開拓新源泉，深刻認識全面深化改革的歷史必然性，更加堅定地承擔起全面深化改革的歷史責任，緊緊圍繞完善和發展中國特色社會主義制度、推進國家治理體系和治理能力現代化這一總目標全面深化改革。

全面依法治國是以習近平同志為核心的黨中央作出的一項為子孫萬代計、為長治久安謀的戰略決策，必須下深入持久的功夫、扎實細緻的功夫，進一步提高我們黨運用法律手段領導和治理國家的能力。習近平同志把全面深化改革和全面依法治國比作鳥之兩翼、車之兩輪，這是十分貼切的。改革和法治，都是建設社會主義現代化強國的必要條件。要堅持走中國特色社會主義法治道路，加快構建中國特色社會主義法治體系，建設社會主義法治國家。

全面從嚴治黨是黨的十八大以來習近平同志非常重視的問題，在

「7‧26」重要講話中又作了深刻闡述。他概括了黨的十八大以來全面加強黨的領導、全面從嚴治黨取得的巨大成就，分析了推進黨的建設新的偉大工程同進行偉大鬥爭、推進偉大事業、實現偉大夢想的辯證關係，對新的發展階段進一步推進全面從嚴治黨提出了新的更高的要求。全面從嚴治黨不是權宜之計，將貫穿建設社會主義現代化強國的全過程。我們要推動全面從嚴治黨向縱深發展，把全面從嚴治黨的思路舉措搞得更加科學、更加嚴密、更加有效，把黨建設得更加堅強有力，確保黨始終同人民想在一起、幹在一起，確保黨永葆旺盛生命力和強大戰鬥力，引領承載著中國人民偉大夢想的航船破浪前進，勝利駛向光輝的彼岸。

《人民日報》（2017 年 09 月 06 日　07 版）

全面加強黨的領導是奪取偉大勝利的根本保證

鄧純東

習近平同志在「7・26」重要講話中系統總結了黨的十八大以來中國特色社會主義取得的重大成就，其中一個重要方面就是「我們全面加強黨的領導，大大增強了黨的凝聚力、戰鬥力和領導力、號召力」。全面加強黨的領導，既是中國特色社會主義取得重大成就的具體體現，也是中國特色社會主義取得重大成就的根本原因。從凝聚力、戰鬥力和領導力、號召力兩個維度全面加強黨的領導，是不斷奪取中國特色社會主義偉大勝利的根本保證。

大力加強黨的自身建設，增強黨的凝聚力、戰鬥力

「打鐵還需自身硬」。全面加強黨的領導，首先必須大力加強黨的自身建設，不斷增強黨的凝聚力、戰鬥力。沒有凝聚力、戰鬥力，黨就不可能有領導力、號召力。黨的十八大以來，著眼於增強黨的凝聚力、戰鬥力，我們黨採取了一系列有力舉措，取得了一系列重大成就。

不斷推進理論創新，形成馬克思主義中國化最新成果。習近平同志強調，我們黨是高度重視理論建設和理論指導的黨。能不能與時俱進推進實踐基礎上的理論創新，用當代中國馬克思主義統一全黨思想，關係黨的凝聚力和戰鬥力。黨的十八大以來，我國發展站到了新的歷史起點上，中國特色社會主義進入了新的發展階段，這對黨治國

理政提出了許多新課題。5年來，以習近平同志為核心的黨中央以高度的理論自覺和理論自信，創造性地思考和回答中國特色社會主義發展面臨的新課題，提出了一系列極富創見的新觀點新論斷新要求，並從理論上進行了新概括，形成了習近平同志系列重要講話精神。習近平同志系列重要講話精神已形成一個完整的理論體系，把我們黨對共產黨執政規律、社會主義建設規律、人類社會發展規律的認識提高到一個新水準，開闢了當代中國馬克思主義發展的新境界，並對21世紀馬克思主義發展作出了新貢獻。黨的十八大以來，我們黨堅持用習近平同志系列重要講話精神武裝全黨，使全黨思想更加統一、步調更加一致，凝聚力、戰鬥力大大增強。在中國特色社會主義新的發展階段，我們必須以更寬廣的視野、更長遠的眼光來思考和把握國家發展面臨的一系列重大戰略問題，在理論上不斷拓展新視野、作出新概括。

　　加強思想政治建設，全黨牢固樹立「四個意識」。黨的十八大以來，我們黨治國理政面臨的考驗之大前所未有：國際形勢複雜多變，國內改革發展穩定任務艱巨繁重，我們在各方面都面臨許多問題和矛盾、風險和挑戰。贏得新的偉大鬥爭的勝利，實現黨的十八大確定的各項奮鬥目標，最為關鍵的就是堅持黨中央集中統一領導，保證黨的團結統一，增強黨的凝聚力、戰鬥力。為此，全黨必須牢固樹立政治意識、大局意識、核心意識、看齊意識。黨的十八大以來，通過不斷加強思想政治建設，廣大黨員、幹部的信仰之基築得越來越牢、精神之鈣補得越來越足、思想之舵把得越來越穩。各級黨組織和廣大黨員、幹部堅決維護習近平同志的核心地位，堅決維護以習近平同志為核心的黨中央的權威，自覺把黨中央的各項決策部署落到實處，努力做到黨中央提倡的堅決響應、黨中央決定的堅決執行、黨中央禁止的堅決

不做。在中國特色社會主義新的發展階段，全黨必須牢固樹立「四個意識」，不斷增強黨的凝聚力、戰鬥力。

嚴肅黨內政治生活，淨化黨內政治生態。中國共產黨是中國特色社會主義事業的堅強領導核心，黨的領導是做好黨和國家各項工作的根本保證。面對「四大考驗」「四種危險」，我們黨要奪取具有許多新的歷史特點的偉大鬥爭的勝利，就必須加強和規範黨內政治生活，這是全面從嚴治黨的基礎。只有嚴肅黨內政治生活，才能使我們黨通過自我淨化、自我完善、自我革新、自我提高不斷增強凝聚力、戰鬥力。黨的十八大以來，通過嚴肅黨內政治生活、開展積極健康的批評和自我批評、堅持和完善民主集中制，黨內政治生態得到淨化，從政環境不斷優化，又有集中又有民主、又有紀律又有自由、又有統一意志又有個人心情舒暢生動活潑的政治局面日益形成，進一步增強了黨的凝聚力、戰鬥力。在中國特色社會主義新的發展階段，要把我們黨建設得更加堅強有力，必須進一步增強黨內政治生活的政治性、時代性、原則性、戰鬥性，營造風清氣正的政治生態。

正風肅紀、反腐倡廉，大力鍛造「四鐵」幹部隊伍。推進中國特色社會主義事業，關鍵在黨、關鍵在人。關鍵在人，就要建設一支宏大的高素質幹部隊伍。有沒有一支具有鐵一般信仰、鐵一般信念、鐵一般紀律、鐵一般擔當的幹部隊伍，直接關係黨的凝聚力、戰鬥力。黨的十八大以來，我們黨廣開進賢之路，把大量政治堅定、有真才實學、實績突出、群眾公認的幹部及時發現出來、合理使用起來。同時，為了加強幹部隊伍建設，黨中央重拳反腐，「老虎」「蒼蠅」一起打；制定出臺八項規定，集中整頓「四風」，從嚴管理幹部；開展黨的群眾路線教育實踐活動、「三嚴三實」專題教育和「兩學一做」學習教育；

等等。通過這些舉措，黨的作風建設取得顯著成效，反腐敗鬥爭形成壓倒性態勢，黨風政風明顯好轉，黨組織更加純潔，幹部隊伍更加忠誠乾淨擔當，黨群幹群關係日益融洽。在中國特色社會主義新的發展階段，我們要始終堅持從嚴治吏，為黨和國家各項事業發展提供有力人才保障。

充分發揮黨的領導核心作用，增強黨的領導力、號召力

大力加強黨的自身建設，增強黨的凝聚力、戰鬥力，最終要落腳到增強黨的領導力、號召力，確保我們黨始終成為中國特色社會主義事業的堅強領導核心。黨的十八大以來，我們黨之所以解決了許多長期想解決而沒有解決的難題、辦成了許多過去想辦而沒有辦成的大事，關鍵就是在增強黨的凝聚力、戰鬥力的基礎上不斷增強黨的領導力、號召力。

強調中國特色社會主義最本質的特徵是中國共產黨領導，充分發揮黨總攬全域、協調各方的領導核心作用。黨政軍民學，東西南北中，黨是領導一切的。黨的十八大以來，習近平同志一再強調中國特色社會主義最本質的特徵是中國共產黨領導，中國特色社會主義制度的最大優勢是中國共產黨領導。增強黨的領導力、號召力，關鍵是充分發揮黨總攬全域、協調各方的領導核心作用，形成推進中國特色社會主義事業的強大合力。堅持黨的領導，最根本的一條就是堅持黨中央集中統一領導。黨中央對全國人大、國務院、全國政協、最高人民法院、最高人民檢察院、中央和國家機關各部門、人民軍隊、各人民團體、各企事業單位、各社會組織的統一領導，很重要的一個制度就是

在這些機構和組織中成立黨的組織。黨的組織是黨中央對這些機構和組織實施領導的重要制度保證。2015 年 6 月，中共中央印發《中國共產黨黨組工作條例（試行）》，進一步規範黨組工作，加強和改善黨的領導。在中國特色社會主義新的發展階段，我們要始終堅持黨的領導核心地位，更好發揮黨總攬全域、協調各方的領導核心作用，保證黨中央重大決策部署的貫徹落實。

　　加強對地方、國有企業、高校和農村等的領導，提高國家治理能力。為了加強對地方的領導，中央採取了不少有力措施，制定了不少有效制度，如改進地方黨政領導班子和領導幹部政績考核工作、加強和改進巡視工作等。通過這些舉措，一些地方存在的地方主義、分散主義、自由主義等現象得到有效遏制。堅持黨的領導、加強黨的建設，是我國國有企業的光榮傳統，是國有企業的「根」和「魂」，是我國國有企業的獨特優勢。針對一段時間裡一些國有企業黨的領導和黨的建設弱化、淡化、虛化、邊緣化問題，習近平同志提出了新形勢下國有企業堅持黨的領導、加強黨的建設的總要求，強調黨對國有企業的領導是政治領導、思想領導、組織領導的有機統一。中共中央辦公廳印發《關於在深化國有企業改革中堅持黨的領導加強黨的建設的若干意見》，對在深化國有企業改革中堅持黨的領導、加強黨的建設提出要求、作出部署。通過加強和改進高校黨的建設加強黨對高校的領導，是辦好中國特色社會主義大學的根本保證。黨的十八大以來，我們黨進一步加強對高校的領導，保證高校培養中國特色社會主義合格建設者和可靠接班人。通過加強基層服務型黨組織建設加強黨對基層農村的領導，是夯實黨的執政基礎的必然要求。黨的十八大以來，各級黨委自覺加強黨的基層組織建設，對基層黨組織給予更多重視、關心和

支持，基層黨組織的戰鬥堡壘作用、動員教育能力、凝心聚力功能得到極大提升。在中國特色社會主義新的發展階段，我們要高度重視黨對各地方各領域各行業的領導，不斷提高國家治理能力。

　　加強對意識形態工作的領導，實現全黨全社會思想上的團結統一。意識形態工作是黨的一項極端重要的工作，不僅事關全黨思想上的團結統一，也事關全社會思想上的團結統一，是黨的領導力、號召力的重要體現。黨的十八大以來，在意識形態領域鬥爭複雜尖銳的新形勢下，我們黨在意識形態工作上牢牢掌握領導權、管理權、話語權，積極培育和弘揚社會主義核心價值觀，加強網上意識形態工作；引導人們堅定理想信念，鑄牢精神支柱；積極應對各種挑戰，批判各種錯誤思潮，在大是大非面前敢於亮劍、敢於發聲。通過這些舉措，馬克思主義在意識形態領域的指導地位不斷鞏固，全黨全國人民團結奮鬥的共同思想基礎不斷鞏固。在中國特色社會主義新的發展階段，我們要把實現全黨全社會思想上的團結統一作為增強黨的領導力、號召力的重要內容，不斷彰顯中國精神、凝聚中國力量。

《人民日報》（2017 年 09 月 15 日　07 版）

全面從嚴治黨深化對共產黨執政規律的認識

陶文昭

中國共產黨在長期執政實踐中積累了豐富的執政經驗，形成了系統的執政理論，掌握了重要的執政規律。黨的十八大以來，以習近平同志為核心的黨中央堅定不移推進全面從嚴治黨，堅持思想從嚴、管黨從嚴、執紀從嚴、治吏從嚴、作風從嚴、反腐從嚴，把全面從嚴治黨落實到思想建設、組織建設、作風建設、反腐倡廉建設、制度建設等各個方面，進一步贏得了黨心民心，為開創中國特色社會主義事業新局面提供了重要保證。全面從嚴治黨，從執政地位、執政基礎、執政風險、執政體制等方面深化了對共產黨執政規律的認識。

深化對執政地位的認識，把加強黨的領導作為全面從嚴治黨的核心

如何鞏固執政地位，是執政中第一位的問題，也是深化對執政規律認識必須牢牢抓住的核心問題。習近平同志指出：「全面從嚴治黨，核心是加強黨的領導。」這一重要論斷表明，加強黨的領導是深化對共產黨執政規律認識的邏輯起點。

習近平同志指出：「中國特色社會主義最本質的特徵是中國共產黨領導，中國特色社會主義制度的最大優勢是中國共產黨領導。」這兩個「最」，闡明了黨的領導的必要性、重要性、優越性。只要深入

瞭解中國近現代史、中國革命史就會發現，如果沒有中國共產黨的領導，我們的國家、我們的民族就不可能取得今天這樣的發展成就，也不可能具有今天這樣的國際地位。因此，在堅持黨的領導這個重大原則問題上，我們的頭腦要特別清醒、眼睛要特別明亮、立場要特別堅定，絕不能有任何含糊和動搖。在不同社會制度中，政黨的地位是不一樣的。我國不搞西方的兩黨制、多黨制，中國共產黨始終處於領導核心地位。這是歷史和人民的選擇，是基於制度自信得出的結論，也是道路自信、理論自信、文化自信的集中體現。我們決不能在這個根本性問題上出現顛覆性錯誤，一旦出現就無法挽回、無法彌補。

中國共產黨作為世界第一大政黨，領導著世界第一人口大國，正在走出一條人類歷史上從未走過的發展道路，得到了人民群眾的衷心擁護。但也必須深刻認識到，黨的執政地位並不是自然而然就能長期保持下去的，不管黨、不治黨，就有亡黨亡國的危險。這就要求我們必須堅持黨要管黨、從嚴治黨。習近平同志深刻指出：「各級各部門黨委（黨組）必須樹立正確政績觀，堅持從鞏固黨的執政地位的大局看問題，把抓好黨建作為最大的政績。如果我們黨弱了、散了、垮了，其他政績又有什麼意義呢？」正是從這一邏輯出發，我們堅持黨建工作和中心工作一起謀劃、一起部署、一起考核，堅決防止「一手硬、一手軟」。把加強黨的領導作為全面從嚴治黨的核心，把抓好黨建作為最大的政績，進一步深化了對共產黨執政規律的認識。

深化對執政基礎的認識，始終堅持以人民為中心的發展思想

政黨以獲得執政地位為目的，任何政黨都想長期執政。然而，想

長期執政是一回事，能不能長期執政是另一回事。從「想」提升到「能」，關鍵在民心。習近平同志指出，「一個政黨，一個政權，其前途命運取決於人心向背」「人心是最大的政治」。全面從嚴治黨，就是要破解贏得人心這個執政的「密碼」。

「水能載舟，亦能覆舟」「得民心者得天下，失民心者失天下」「政之所興在順民心，政之所廢在逆民心」，這些說的都是天下得失、執政興廢的根本原因在於人心。封建時代的統治者、剝削階級的政黨，由其階級性質和根本利益所決定，不可能真正贏得人心。中國共產黨的性質和宗旨則完全不同，人民立場是中國共產黨的根本政治立場，為人民服務是中國共產黨的根本宗旨。與人民風雨同舟、生死與共，始終保持血肉聯繫，這是我們黨戰勝一切困難和挑戰的根本保證。但也要看到，如果管黨不力、治黨不嚴，人民群眾反映強烈的突出矛盾和問題得不到及時解決，黨員、幹部的作風損害了黨群、幹群關係，我們黨執政的基礎就會動搖和瓦解。因此，習近平同志告誡全黨：「工作作風上的問題絕對不是小事，如果不堅決糾正不良風氣，任其發展下去，就會像一座無形的牆把我們黨和人民群眾隔開，我們黨就會失去根基、失去血脈、失去力量。」正因如此，黨的十八大後，黨中央以八項規定為切入口和動員令，不斷加強作風建設，密切黨同人民群眾的血肉聯繫。

鞏固黨的執政基礎，必須抓好發展這個黨執政興國的第一要務。但是，經濟發展並不必然就能凝聚人心。如果經濟發展了，但社會缺乏公平正義、出現兩極分化，那依然會失去人心。因此，經濟發展並不必然就能鞏固黨的執政基礎，關鍵還要看怎麼發展、發展是為了誰。黨的十八大以來，以習近平同志為核心的黨中央提出堅持以人民為中

心的發展思想。習近平同志指出:「以人民為中心的發展思想,不是一個抽象的、玄奧的概念,不能只停留在口頭上、止步於思想環節,而要體現在經濟社會發展各個環節。要堅持人民主體地位,順應人民群眾對美好生活的嚮往,不斷實現好、維護好、發展好最廣大人民根本利益,做到發展為了人民、發展依靠人民、發展成果由人民共用。」他還強調:「共用理念實質就是堅持以人民為中心的發展思想,體現的是逐步實現共同富裕的要求。」這些重要論述,使我們黨對如何贏得人心、鞏固執政基礎有了更深刻的認識。

深化對執政風險的認識,進行具有許多新的歷史特點的偉大鬥爭

執政的過程不可能風平浪靜、一帆風順,而是時刻面臨風險和挑戰。習近平同志深刻指出:「任何奮鬥目標都不會輕輕鬆鬆實現,前進道路從來不是一帆風順的。我們前面的路還很長,不會那樣平坦,我們必須準備進行具有許多新的歷史特點的偉大鬥爭。」

黨的十八大以來,習近平同志對執政中的風險有著深刻認識。比如,他在慶祝中國共產黨成立95周年大會上的重要講話中強調:「全黨要以自我革命的政治勇氣,著力解決黨自身存在的突出問題,不斷增強黨自我淨化、自我完善、自我革新、自我提高能力,經受『四大考驗』、克服『四種危險』,確保黨始終成為中國特色社會主義事業的堅強領導核心。」他在省部級主要領導幹部學習貫徹黨的十八屆五中全會精神專題研討班上的重要講話中指出:「當前和今後一個時期,我們在國際國內面臨的矛盾風險挑戰都不少,決不能掉以輕心。」他

在紀念紅軍長征勝利 80 周年大會上的重要講話中指出：「奪取堅持和發展中國特色社會主義偉大事業新進展，奪取推進黨的建設新的偉大工程新成效，奪取具有許多新的歷史特點的偉大鬥爭新勝利，我們還有許多『雪山』、『草地』需要跨越，還有許多『婁山關』、『臘子口』需要征服。」

新的歷史條件下，我們黨面臨的執政環境和執政條件發生了很大變化。深化對共產黨執政規律的認識，就要深刻認識黨面臨的「四大考驗」的長期性和複雜性，深刻認識黨面臨的「四種危險」的尖銳性和嚴峻性。應對執政中的風險，關鍵是要加強黨的建設。習近平同志指出：「新的歷史條件下，我們要更好進行具有許多新的歷史特點的偉大鬥爭、推進中國特色社會主義偉大事業，就必須以更大力度推進黨的建設新的偉大工程，堅定不移推進全面從嚴治黨，切實把黨建設好、管理好。」如果我們黨信念渙散、組織渙散、紀律渙散、作風渙散，那就不可能有效應對「四大考驗」、克服「四種危險」，不可能奪取具有許多新的歷史特點的偉大鬥爭的勝利。將全面從嚴治黨作為應對重大挑戰、抵禦重大風險、克服重大阻力、解決重大矛盾的重中之重，通過加強黨的建設應對執政風險，進一步深化了我們黨對共產黨執政規律的認識。

深化對執政體制的認識，以牢固樹立「四個意識」堅決維護領導核心

進行具有許多新的歷史特點的偉大鬥爭，必須有堅強的領導核心。鬆鬆垮垮、稀稀拉拉的政黨是不能幹事、也幹不成事的。火車跑得快，

全靠車頭帶。我們必須堅持黨中央的集中統一領導，堅決維護黨中央權威，堅決維護領導核心。

　　要治理好中國共產黨這樣一個大黨、治理好中國這樣一個大國，堅持黨中央的集中統一領導至關重要，維護領導核心至關重要。堅決維護領導核心，需要從相互銜接的三個層面來把握。第一，領導我們事業的核心力量是中國共產黨。中國共產黨是中國特色社會主義事業的領導核心，處在總攬全域、協調各方的地位。黨政軍民學，東西南北中，黨是領導一切的。第二，堅持黨的領導首先是堅持黨中央集中統一領導。也就是說，黨中央是全黨的核心。在「四個服從」中，最關鍵的是全黨各個組織和全體黨員服從黨的全國代表大會和中央委員會。黨中央作出的決策部署，黨的各個部門要貫徹落實，人大、政府、政協、法院、檢察院的黨組織要貫徹落實，企事業單位、人民團體等的黨組織也要貫徹落實。第三，習近平同志是黨中央的核心、全黨的核心。維護習近平同志的核心地位，就是維護黨中央權威；維護黨中央權威，首先要維護習近平同志的核心地位。

　　堅持黨中央的集中統一領導，堅決維護黨中央權威，堅決維護領導核心，關鍵是牢固樹立政治意識、大局意識、核心意識、看齊意識。實現「兩個一百年」奮鬥目標和中華民族偉大復興的中國夢，是前無古人的偉大事業，是艱巨繁重的系統工程，必須加強黨中央集中統一領導，以保證正確方向、形成強大合力。全黨都要牢固樹立「四個意識」，堅決維護以習近平同志為核心的黨中央權威，始終在思想上政治上行動上同以習近平同志為核心的黨中央保持高度一致，不折不扣貫徹執行黨中央決策部署。黨的各級組織、全體黨員特別是高級幹部都要向黨中央看齊，向黨的理論和路線方針政策看齊，向黨中央決策

部署看齊，做到黨中央提倡的堅決響應、黨中央決定的堅決執行、黨中央禁止的堅決不做。牢固樹立「四個意識」，是對我們黨執政經驗的深刻總結，也是對共產黨執政規律認識的深化。

《人民日報》（2017 年 06 月 29 日　07 版）

第八章

中國特色社會主義彰顯了中華民族對人類文明的新貢獻

彙聚世界政黨共識　共建更加美好世界

宋　濤

中國共產黨與世界政黨高層對話會是中國共產黨成立以來首次與全球各類政黨舉行高層對話，也是世界各國政黨領導人首次圍繞構建人類命運共同體、建設更加美好世界這一關係人類前途命運的重大問題進行深入坦誠對話。習近平同志在對話會上發表了主旨講話。講話立意高遠、內涵豐富，再次闡述並進一步深化了中國關於構建人類命運共同體、建設更加美好世界的立場和主張，為構建人類命運共同體、攜手建設更加美好的世界提供了基本遵循和行動指南。講話以時代為背景、以現實為依據，具有很強的政治性、思想性、戰略性和指導性，展示了中國共產黨為人類進步事業而奮鬥的堅定決心和不懈努力，贏得各國政黨和國際社會的一致讚譽和高度評價。當前和今後一段時間，在黨的對外工作中，必須深刻理解和貫徹落實這一講話精

神，推動構建人類命運共同體和建設美好世界的偉大事業不斷走深走實、行穩致遠。

深刻揭示實現中華民族偉大復興與構建人類命運共同體的內在聯繫

習近平同志在講話中系統闡述構建人類命運共同體的重大問題，將中華民族偉大復興的中國夢與世界人民對美好未來的共同夢想更加緊密地結合在一起。

講話高舉構建人類命運共同體的偉大旗幟，強調每個民族、每個國家的前途命運都緊緊聯繫在一起，應該風雨同舟，榮辱與共，努力把我們生於斯、長於斯的這個星球建成一個和睦的大家庭，把世界各國人民對美好生活的嚮往變成現實。中國把自己的事情做好，本身就是對構建人類命運共同體的貢獻。同時，中國也要通過自身發展給世界創造更多機遇，通過自身實踐探索人類社會發展規律並同世界各國分享。

縱觀人類歷史，中國人民與世界各國人民的前途命運從來沒有像今天這樣緊密地聯繫在一起。中華民族偉大復興的中國夢深深寓於構建人類命運共同體的偉大歷史實踐，構建人類命運共同體的偉大歷史實踐也深深地繫於中華民族偉大復興的宏偉事業。習近平新時代中國特色社會主義思想不僅為實現中華民族偉大復興提供了行動綱領，也將為構建人類命運共同體提供重要指南。中華民族偉大復興的宏偉事業與構建人類命運共同體的偉大征程將更加緊密地彼此相依、攜手並進。

突出強調新形勢下構建人類命運共同體的意義與影響

習近平同志的講話從更廣視角、更高維度，站在人類文明發展的大座標上深刻洞察當今世界大勢，深刻闡釋了構建人類命運共同體的重大意義和深遠影響。

講話強調，在幾千年文明發展史上，人類創造了燦爛的文明成果，但也經歷了無數的苦難，付出了慘痛的代價。如今人類生活的關聯前所未有，同時人類面臨的全球性問題數量之多、規模之大、程度之深也前所未有。面對這種局勢，人類有兩種選擇，要麼道不相同兵戎相見，要麼齊心協力共同應對。中華民族用自己的經歷和感悟告訴整個世界，世界各國儘管有這樣那樣的分歧矛盾，也免不了產生這樣那樣的磕磕碰碰，但世界各國人民都生活在同一片藍天下、擁有同一個家園，應該是一家人。只有秉持「天下一家」理念，張開懷抱，彼此理解，求同存異，共同為構建人類命運共同體而努力，才能開創人類更加光明的未來。

上下五千年、縱橫八萬里，習近平同志用寥寥數語，清晰而深刻地勾勒出倡議構建人類命運共同體的歷史與時代背景。當今世界，政治多極化、經濟全球化、社會信息化、文化多樣化深入發展，世界各國相互依存不斷加深。與此同時，逆全球化、保護主義、民粹主義甚囂塵上，碎片化、陣營化、極端化日益抬頭。展望未來，人類正處於何去何從的十字路口。是走老路重蹈前人覆轍，還是闖新路譜寫新的篇章，成為擺在世人面前的一道戰略選擇題。「大道之行，天下為公」。破解上述問題，就要抓住世界發展和人類進步的總體趨勢，抓住各國人民對美好生活的共同追求，推動構建人類命運共同體。習近平同志

的講話擲地有聲，展示了中國共產黨兼濟天下的責任與擔當，為人類的明天、世界的未來描繪出全新光明圖景。

明確指出構建人類命運共同體的偉大事業取得積極進展

構建人類命運共同體的偉大實踐已經啟航，中國正同其他國家一道，致力於將這一美好願景轉變成現實，並已取得重要而積極的進展。

中國同世界各國的友好合作不斷拓展，人類命運共同體理念得到越來越多人的支援和贊同，這一倡議正在從理念轉化為行動。中國提出的「一帶一路」倡議，是對人類命運共同體理念的生動實踐。4年來，「一帶一路」已成為有關各國實現共同發展的巨大合作平臺。習近平同志強調，只要各方一起來規劃，一起來實踐，一點一滴堅持努力，日積月累不懈奮鬥，構建人類命運共同體的目標就一定能夠實現。

2013年，習近平同志首次提出構建人類命運共同體的倡議。經過4年多的發展，人類命運共同體輪廓逐步顯現、面貌日益清晰。在構建新型國際關係原則指引下，我國同有關國家的雙邊命運共同體建設穩步推進，同亞洲、非洲、拉丁美洲、阿拉伯國家的區域命運共同體建設蓬勃發展。在共商共建共用的全球治理觀指引下，我們積極推進各領域務實合作，朝著構建利益共同體、責任共同體、治理共同體的方向邁進。特別是在「一帶一路」倡議的驅動下，人類命運共同體建設邁出實實在在的步伐，更多國家搭上快速發展的列車，結出早期收穫的果實。構建人類命運共同體順應歷史和時代發展需求、順應世界各國人民共同期待，是世界各國政黨政治的最大公約數。只要各國人民共同努力，聚沙成塔、集腋成裘，就一定能夠實現這一目標。

系統闡釋構建人類命運共同體與建設更加美好世界的關係

構建人類命運共同體是建設一個更加美好世界的必由之路。人類命運共同體就是要把每個民族、每個國家的前途命運都緊緊聯繫在一起，把世界各國人民對美好生活的嚮往變成現實。

習近平同志在講話中從四個方面為我們描繪了美好世界的景象，並系統全面地闡述了如何實現這樣的理想。首先，努力建設一個遠離恐懼、普遍安全的世界。堅持共同、綜合、合作、可持續的新安全觀，營造公平正義、共建共用的安全格局，讓和平的陽光普照大地，讓人人享有安寧祥和。其次，努力建設一個遠離貧困、共同繁榮的世界。堅持你好我好大家好的理念，推進開放、包容、普惠、平衡、共贏的經濟全球化，讓發展成果惠及世界各國，讓人人享有富足安康。第三，努力建設一個遠離封閉、開放包容的世界。堅持世界是豐富多彩的、文明是多樣的理念，消除文化壁壘、抵制觀念紕繆、打破精神隔閡，讓各種文明和諧共存，讓人人享有文化滋養。第四，努力建設一個山清水秀、清潔美麗的世界。堅持人與自然共生共存的理念，像對待生命一樣對待生態環境，讓自然生態休養生息，讓人人都享有綠水青山。

推動構建人類命運共同體的偉大歷史實踐拔錨啟航，需要有明確的路線圖和指南針。習近平同志在講話中全面解答了建設一個什麼樣的美好世界、怎樣建設美好世界的重大課題，為構建人類命運共同體擘畫了藍圖、規劃了路徑。從更長遠、更宏觀的視角來看，人類命運共同體與美好世界相輔相成、相得益彰。構建人類命運共同體在攜手共建美好世界的生動實踐中推進，一個更加美好世界的到來又意味著

人類命運共同體的最終形成。

積極倡議世界各國政黨一道為構建人類命運共同體作出更大貢獻

習近平同志的講話將構建人類命運共同體與政黨的角色和責任緊密聯繫在一起，對各國政黨提出了殷切期望，倡議共襄構建人類命運共同體的偉業。

習近平同志指出，政黨要順應時代發展潮流、把握人類進步大勢、順應人民共同期待，在構建人類命運共同體的偉大歷史征程中，志存高遠、敢於擔當，體察民情、制定方案，凝聚共識、彙集力量，並積極探索建立求同存異、相互尊重、互學互鑒的新型政黨關係，搭建多種形式、多種層次的國際政黨交流合作網絡。向各國政黨發出倡議，共同做世界和平的建設者、全球發展的貢獻者、國際秩序的維護者，為世界創造更多合作機會，努力推動世界各國共同發展繁榮。中國倡議將中國共產黨與世界政黨高層對話會機制化，使之成為具有廣泛代表性和國際影響力的高端政治對話平臺。

政黨是各國政治生活的核心，是國家發展的領路人，也是推進人類文明進步事業的關鍵力量。在構建人類命運共同體的偉大事業中，政黨理應成為先行者，走在時代前列、引領歷史方向。當今世界格局、發展格局都在發生變化，政黨格局也醞釀著重要變化。各國政黨應立足自身和當下，著眼全域和長遠，站在人類發展的高度，自覺擔負起時代賦予的使命，開闢出一條人類文明進步的新路。各國政黨應善於彙集民間智慧、吸納各界智慧、借鑒國際智慧，努力做到源自民

眾、彙聚四方、達於天下，為人類文明進步提供好主意、好點子。各國政黨應調動方方面面的力量，把不同意識形態、不同領域界別、不同國家民族的人才聚集到一起，同心同德、同甘共苦、同舟共濟，凝聚起推動人類文明進步的磅　力量。

莊嚴宣示中國共產黨將為構建人類命運共同體而不懈奮鬥

習近平同志的講話明確指出，中國共產黨將一如既往為世界和平安寧作貢獻，一如既往為世界共同發展作貢獻，一如既往為世界文明交流互鑒作貢獻。這就再次宣示了中國共產黨對世界和平與發展的莊嚴承諾。

中國不會「輸入」外國模式，也不「輸出」中國模式，不會要求別國「複製」中國的做法。中國共產黨是為中國人民謀幸福的黨，也是為人類進步事業而奮鬥的黨。習近平同志說，中國共產黨所做的一切，就是為中國人民謀幸福、為中華民族謀復興、為人類謀和平與發展。

滄海橫流，方顯英雄本色。中國共產黨是世界上最大的政黨，正如習近平同志所說，大就要有大的樣子。中國共產黨植根偉大實踐、緊扣時代節拍、彙聚集體智慧，已日益成為世界上最重要的穩定性、確定性力量，為人類文明進步、世界和平發展帶來和煦東風、注入強勁動力。「桃李不言，下自成蹊」。中國共產黨的國際影響力、感召力、引領力不斷提高，世界上越來越多的力量日益團結在構建人類命運共同體的偉大旗幟下。中國共產黨將同世界各國政黨和人民一道，為推動構建人類命運共同體、攜手建設更加美好的世界而奮鬥。作為黨的

對外工作職能部門，我們將在以習近平同志為核心的黨中央領導下，進一步加強對國際社會的政治引領，廣交天下朋友，爭取理解支持，不斷開創黨的對外工作新局面，為中華民族偉大復興和構建人類命運共同體作出新的更大貢獻。

《人民日報》（2017 年 12 月 08 日　07 版）

中國政黨制度的世界貢獻

袁廷華

當前，世界政黨政治發展出現了許多新趨向，一些國家大選中「黑天鵝」事件迭出，政黨攻訐加劇，社會紛爭不斷。「西方之亂」與「中國之治」的鮮明對比，讓人們對中國的政黨制度更加關注。「中國共產黨為什麼能？」回答這一問題，不可避免地要研究中國政黨制度的作用。中國實行的政黨制度是中國共產黨領導的多黨合作和政治協商制度，它既不同於西方國家的兩黨或多黨競爭制，也有別於有的國家實行的一黨制，而是中國特色社會主義政黨制度。中國政黨制度是在馬克思主義政黨理論指導下，在中國長期的革命、建設、改革實踐中形成和發展起來的。它汲取了中華優秀傳統文化中尚和合、和衷共濟等養分，與發展社會主義民主政治和建設現代化國家的時代要求相契合，是適合中國國情的一項基本政治制度，日益彰顯出獨特的制度優勢和強大生命力。黨的十八大以來，習近平同志高度重視我國政黨制度建設，強調「堅持和完善中國共產黨領導的多黨合作和政治協商制度，不斷為事業發展凝聚人心、增添力量」。今天，中國政黨制度的成功實踐，正在為世界政黨政治的發展作出獨特貢獻、提供有益借鑒。

中國政黨制度在世界政黨政治發展中彰顯出巨大優勢

中國近現代政治發展的歷史證明：中國的民主政治建設，必須從

中國的基本國情出發，盲目照搬別國政治制度和政黨制度模式是不可能成功的。中國政黨制度的形成和發展，是中國近現代歷史發展的必然，是中國共產黨和各民主黨派智慧的結晶。它是與我國國體相適應的政黨制度，是不同於西方政黨制度的社會主義新型政黨制度。中國政黨制度通過對政黨關係、政黨與國家政權關係進行制度規範，形成了兩大基本制度要素：一是在基本政治制度層面確立中國共產黨的領導地位，以體現工人階級（通過共產黨）對國家的領導，為國家政權鞏固和中國特色社會主義事業發展提供根本政治保障。二是在政黨制度結構上確立可以廣泛參與的、開放的制度架構，各民主黨派和無黨派人士的政治參與，擴大了人民民主專政的社會基礎，強化了國家政治體系的民主屬性。中國政黨制度領導核心的一元性與結構的多元性模式，形成了特有的制度優勢。

　　具有強大的整合功能。實現有效整合是政治進步、社會發展的必要條件。在現代社會，政黨制度是實現政治整合和社會整合的重要機制。我國是一個有著 960 多萬平方公里國土、13 億多人口、56 個民族的發展中大國。在這樣一個幅員遼闊、人口眾多的多民族國家進行現代化建設，必須有效進行政治整合和社會整合。中國政黨制度把中國共產黨的領導與民主黨派、無黨派人士的合作緊密結合起來，形成強大的整合功能。中國共產黨的堅強領導，提供了強大的整合力量；各民主黨派和無黨派人士的政治合作，擴大了整合的邊界和張力，進一步強化了中國政黨制度的整合功能，使中國政黨制度成為有著強大動員力、決策力、執行力和凝聚力的制度。同時還要看到，同原發性國家的現代化道路不同，我國經濟社會發展具有後發趕超性質。因此，必須通過國家的主導作用，通過上層建築的力量，自上而下強有力地

引導和組織經濟社會的各種要素，朝著現代化目標協力前進。我國現代化建設的特點和機理，我國實現現代化的艱巨性、複雜性，必然要求政治體系和政黨制度具備強大的整合功能，成為推進國家現代化、實現國家統一和人民團結、有效化解改革發展中各種矛盾、維護國家安全與社會和諧穩定的強大制度力量。中國政黨制度正是這樣一種具有強大整合功能的政黨制度。反觀實行兩黨制、多黨制的一些國家，其政黨制度不但未能有效整合社會，反而撕裂了社會。

具有獨特的民主功能。民主是人類政治文明發展的重要標誌。從中國社會制度的性質出發，中國的民主政治建設既遵循人類政治文明發展的普遍規律和共同要求，又具有自身的內在規定，其目標模式是實現中國共產黨的領導、人民當家作主、依法治國有機統一。中國政黨制度是人民民主的重要制度載體和實現形式之一，其民主功能主要包括：一是政治參與。中國政黨制度為各民主黨派、無黨派人士的政治參與開闢了制度化渠道，強化了公共政策決策中的協商和諮詢，廣集民智、廣求善策，推動執政黨和政府決策的科學化、民主化。二是利益表達。在社會主義初級階段，我國仍然存在不同階級、階層和社會群體，人民內部在根本利益一致基礎上還存在具體利益的差別和矛盾。中國共產黨代表中國最廣大人民的根本利益，同時也需要民主黨派、無黨派人士來反映不同社會階層和社會群體的具體利益。中國政黨制度通過相關制度安排，構建了人民代表大會以外又一個重要民意表達和提取機制，能夠有效反映社會各方面的利益、願望和訴求，暢通和拓寬利益表達渠道。三是民主監督。中國共產黨與各民主黨派互相監督，有利於強化體制內的監督功能，避免由於缺少監督而導致的種種弊端。各民主黨派的民主監督，是中國共產黨自身監督之外的重

要監督形式，有利於執政黨提高決策科學化水準，自覺抵制和克服官僚主義與消極腐敗現象。

具有良好的穩定功能。政治穩定是社會良性發展的必要條件。中國政黨制度的穩定功能主要體現在以下幾個方面。第一，強大且成熟的執政黨有利於政治穩定。執政黨是社會組織力量的核心，能夠對政治穩定產生決定性影響。執政黨越強大越成熟，其政治權威性就越強，對社會的組織力量就越強。在中國政黨制度中，中國共產黨作為執政黨，是一個始終保持先進性和純潔性的政黨，是一個十分成熟又具有強大創造力的政黨，是一個具有嚴密組織性和紀律性的政黨，因而具有高度的權威性，成為維護國家政治穩定和長治久安的中堅力量。第二，多黨派政治參與有利於政治穩定。多黨派政治參與使中國政黨制度的相容功能得到強化，有利於把各種社會力量納入政治體系框架之內，促進人們對政治體系和政治權威的認同；有利於強化政治體系的傳導和回饋系統，形成上下貫通、及時糾錯的機制；有利於發揮「安全閥門」作用，為不同社會階層和社會成員表達願望和訴求提供正常、合法的渠道，也使執政黨能夠及時體察社會動態以及社會問題的性質、範圍和程度，適時採取措施加以解決。第三，中國政黨制度的運行方式有利於政治穩定。在利益日益分化的現代社會，西方多元競爭政黨制度模式的弊端更加凸顯，由於多個政黨激烈競爭和相互攻訐而導致內耗不斷。中國政黨制度作為合作型政黨制度，其運行方式能有效避免政黨對立、政黨競爭造成的政治動盪和社會撕裂，防止政治力量之間的重大分歧和對抗，推動社會共識的形成，減少政治發展中的內耗，降低社會運行成本，對政治穩定、社會穩定具有至關重要的作用。

中國政黨制度為世界政黨政治發展提供了一種新範式

政黨政治是現代政治的主要運作方式。中國政黨制度作為一種新型政黨制度，其理論與實踐是馬克思主義中國化的重要成果。中國政黨制度的運行與中國經濟社會快速發展、國家治理水準不斷提高的實踐相結合，給世界政黨政治發展帶來一種新範式、一種西方話語無法解釋的新模式。中國政黨制度的理論與實踐表明，民主不是只有一種模式，實現民主的形式和路徑是多樣的，這是由人類文明發展的多樣性所決定的。一個國家實行什麼樣的政黨制度，是由該國的國情、國家性質和社會發展狀況決定的。政黨制度的優劣，從根本上說要看其是否有利於社會生產力發展，是否有利於民主政治有序健康發展，是否有利於國家穩定和長治久安。中國政黨制度的實踐為世界政黨政治發展提供了有益借鑒，為人類社會民主政治和政治文明發展作出了獨特貢獻，也為發展中國家走出一條既吸收人類文明優秀成果、又符合本國實際的政治發展道路提供了成功範例。

創造了一種新型民主實現形式。由於政黨政治興起於西方國家，而這些國家大都實行以普選制和議會制為基礎的競爭性兩黨制或多黨制，由此形成一種思維定式：只有多黨競爭才是民主，只有西方政黨制度才具有普世性的民主價值、才是民主的唯一實現形式，並以是否實行西方政黨制度為依據來判斷一個國家是否民主。中國政黨制度的理論與實踐表明，民主的內涵是豐富的，實現形式是多樣的，合作也是一種民主的實現形式。習近平同志深刻指出：「實現民主的形式是豐富多樣的，不能拘泥於刻板的模式，更不能說只有一種放之四海而皆準的評判標準。人民是否享有民主權利，要看人民是否在選舉時有

投票的權利，也要看人民在日常政治生活中是否有持續參與的權利；要看人民有沒有進行民主選舉的權利，也要看人民有沒有進行民主決策、民主管理、民主監督的權利。」中國政黨制度無論制度設計還是政治實踐，都體現了人民民主的價值理念、基本精神和原則要求。中國政黨制度與人民代表大會制度相適應、相結合，開闢多種制度化的民主渠道，實現了廣泛的政治參與。中國政黨制度中的政治協商具有獨特的民主價值，協商民主與選舉民主相結合，拓展了人民民主的深度和廣度，保障了人民權利得到最大限度的實現。

創造了一種新型執政方式。在實行兩黨制和多黨制的國家，執政黨在執政期間通常主導和獨佔國家權力，為其所代表的利益集團謀取最大的政治和經濟利益。其他政黨作為在野黨或反對黨，由於不能直接參與政府和管理國家事務，往往與執政黨形成對立，使執政黨的執政效果受到很大牽制和影響。中國政黨制度創造了一種新型民主執政方式。這一制度按照民主集中制的原則，堅持中國共產黨的領導和充分發揚社會主義民主，把中國共產黨執政、民主黨派和無黨派人士參政結合起來，把行使決策權與政治協商結合起來，把選拔錄用本黨的優秀人才與吸納錄用民主黨派和無黨派人士中的優秀人才結合起來，有效防止了各個政黨單打獨鬥以及不同政黨人才的閒置與浪費，賦予黨際民主以新的內涵，形成了集中領導與廣泛民主的有機統一、富有效率與保持活力的有機統一，有效提升了執政黨的執政能力。

創造了一種新型政黨關係。西方國家的政黨制度建立在生產資料私有制基礎上，各政黨之間處於互相競爭甚至爭鬥的對立狀態。一些政黨出於贏得競選、參與組閣的政治需要，有時也進行合作，但這種合作是暫時的、不牢靠的，而彼此競爭、互相傾軋是其政黨關係的突

出特點。中國共產黨同各民主黨派長期共存、互相監督、肝膽相照、榮辱與共，共同致力於發展中國特色社會主義事業。各政黨團結合作、求同存異、和諧共生、共同奮鬥，這是與西方競爭性政黨關係有著根本區別的新型政黨關係，是中國多黨合作制度特點和優勢的重要體現。中國政黨制度創造了非執政的政黨參加國家政權和國家事務管理的獨特方式和途徑。中國政黨制度通過制度規範，有效保證和分配民主黨派參政所需的政治資源，民主黨派作為參政黨能夠長期、穩定地參政。

《人民日報》（2017 年 06 月 30 日　07 版）

中國特色社會主義優勢在國際比較中彰顯

李景治

　　有比較才有鑒別。從國際比較的視野，可以更清晰地看出中國特色社會主義道路的鮮明特點和獨特優勢。

　　堅持適合本國國情的社會主義政治制度，不照搬西方政治制度。中國特色社會主義政治制度，堅持黨的領導、人民當家作主、依法治國有機統一，保證了政治穩定、社會和諧和民族團結。我們積極穩妥地推進政治體制改革，堅持全面從嚴治黨，不斷完善社會主義民主制度，充分調動人民的積極性、主動性、創造性；不斷完善黨和國家領導體制、幹部選拔和管理制度，保證了國家治理的穩定高效。對比之下，西方民主制度的本質則是金錢政治。選舉由少數富人操縱，民眾的民主權利被虛化。美國各類選舉都是金錢大戰，富人紛紛捐款，以求經濟、政治回報，有的候選人本身就是超級富豪。美國民眾對此嚴重不滿，乃至專門舉行針對金錢政治的抗議活動。西方民主導致的選舉過度競爭、政黨對立、社會分裂、國家治理低效等問題，近年來越發凸顯。

　　堅持全面深化改革，堅決破除一切妨礙科學發展的思想觀念和體制機制弊端。改革開放是決定當代中國命運的關鍵一招。依靠改革開放，中國擺脫了傳統計劃經濟體制的束縛，實行以公有制為主體、多種所有制經濟共同發展的基本經濟制度，建立和完善社會主義市場經濟體制；堅持以經濟建設為中心，解放和發展生產力，不斷改善民生；

堅持對外開放，積極參與經濟全球化、新科技革命和全球治理。黨的十八屆三中全會對全面深化改革作出總部署、總動員，勾畫了到 2020年全面深化改革的時間表、路線圖，形成了改革理論和政策一系列新的重大突破，國家治理體系和治理能力現代化穩步推進，中國特色社會主義制度優越性進一步彰顯。全面深化改革給中國經濟帶來了強勁動力與活力。國際金融危機後世界經濟持續低迷，而中國經濟仍保持較快增長，近 5 年來對世界經濟增長的貢獻率達到約 30%，成為世界經濟最強有力的增長引擎。

堅持創新、協調、綠色、開放、共用的新發展理念，不走西方工業化老路。西方工業化道路在全球影響廣泛，但其內在矛盾導致的國際金融危機、歐洲債務危機等，至今仍困擾西方國家、殃及整個世界；其發展造成的過度耗能和氣候變暖，危害全球生態安全；其對經濟利益的過度追求造成貧富分化、社會分裂，如 2010 年美國 1% 的人口竟然佔有 35% 的社會資產。與西方國家不同，中國形成和確立了創新、協調、綠色、開放、共用的新發展理念，推進供給側結構性改革，堅持調結構、去產能，突出創新驅動。中國在治理污染、新能源開發、科技創新和綠色發展等方面取得了很大成效，經濟結構持續改善，發展動力越來越足。不僅如此，中國秉持以人民為中心的發展思想，隨著經濟發展不斷改善民生，努力實現共同富裕。為了確保到 2020 年所有貧困地區和貧困人口一道邁入全面小康社會，全面打響了脫貧攻堅戰。這一系列舉措和成就，得到聯合國和各國人民的高度讚揚。

推動構建以合作共贏為核心的新型國際關係，不走歷史上一些大國傳統崛起之路。一些西方大國靠侵略擴張崛起，奉行霸權主義和強權政治。直到今天，它們仍然肆意干涉別國內政，搞得世界很不安寧。

少數國家極力阻撓中國和平發展，試圖「西化」「分化」中國，並不斷在中國周邊製造安全風險。而中國始終堅持獨立自主的和平外交政策，堅持走和平發展道路，主張和平解決領土、領海分歧和國際爭端，推動構建以合作共贏為核心的新型國際關係。「一帶一路」建設更是極大促進、深化了中國與沿線國家的全面合作，努力帶動相關國家經濟振興。中國真誠尋求互利共贏，讓各國從中國的發展中以及同中國的合作中受益。積極推進全球治理體系變革，著力打造人類命運共同體。顯而易見，中國是維護世界和平、促進共同發展的重要力量，中國道路是促進世界和平、發展、合作、共贏的光明之路。

《人民日報》（2016 年 05 月 12 日　07 版）

中國特色社會主義拓展發展中國家走向現代化的途徑

鄭長忠

習近平同志在「7・26」重要講話中指出：「中國特色社會主義不斷取得的重大成就，意味著近代以來久經磨難的中華民族實現了從站起來、富起來到強起來的歷史性飛躍，意味著社會主義在中國煥發出強大生機活力並不斷開闢發展新境界，意味著中國特色社會主義拓展了發展中國家走向現代化的途徑，為解決人類問題貢獻了中國智慧、提供了中國方案。」這一重要論述表明，中國特色社會主義不僅使久經磨難的中華民族實現現代化、走向偉大復興，而且能夠拓展發展中國家走向現代化的途徑，為推動人類文明發展作出中國貢獻。

發展中國家要走出自己的現代化道路

馬克思主義認為，在人類社會發展過程中，生產力起著決定性作用，同時生產關係對生產力具有反作用，上層建築對經濟基礎具有反作用。這意味著，在人類社會發展過程中，我們不僅要關注生產力因素，同時要關注生產關係和上層建築。因此，對於一個國家和民族來說，要推動發展，就必須根據自身實際情況綜合考慮上述多方面因素，選擇適合自己的發展道路，作出相應的制度安排。

隨著現代化浪潮在全球湧動，許多國家和民族都進入現代化進程。一些現代化後發國家在建構現代文明的進程中，遇到比率先實現現代

化的國家更為複雜的矛盾和問題。由於率先實現現代化的國家進入現代文明階段後，一段時間內展現出繁榮興盛的發展局面，其發展模式曾具有一定的示範意義。因此，許多發展中國家在推進現代化進程中，會主動模仿或被動接受這些模式。然而，率先實現現代化的國家是基於自身歷史進程選擇了一定的發展模式，這些國家並沒有遇到發展中國家所遭遇的各種矛盾和問題，或者已經用較長時間解決這些矛盾和問題。因此，這些國家的現代化模式對發展中國家實現現代化的借鑒意義是有限的，單純模仿率先實現現代化國家的發展模式，往往會給發展中國家的現代化進程帶來一系列困境。實踐中，我們可以看到一些發展中國家照抄照搬西方模式甚至依附於西方國家，失去發展自主性，進而進入發展失敗國家的行列。於是，如何走出現代化的困境，探索出自己的現代化道路，就成為發展中國家亟待解決的一個根本問題。

中國特色社會主義不斷取得重大成就

作為很早就進入文明階段並且沒有中斷過自身歷史的文明體，中華民族在古代創造了非凡的文明成就，為人類文明發展作出巨大貢獻。只是到了近代，中華文明才開始衰落。推進現代化進程、實現中華民族偉大復興，就成為近代以來中華民族最偉大的夢想。

為實現這一偉大夢想，中國人民經過艱辛探索，走出了一條以政黨力量領導人民和軍隊、建立現代國家、推動現代社會發展的路徑。在中國共產黨領導下，中華民族完成了民主革命的任務，實現了民族獨立與人民解放。新中國成立後，為了實現現代化與中華民族偉大復

興，並為人的全面發展創造條件，中國共產黨帶領中國人民建立社會主義制度，從而為面向未來的人類現代文明中國形態的形成奠定了制度基礎。

改革開放成為決定當代中國命運的關鍵一招。改革是社會主義制度的自我完善和發展，是一場新的革命。改革是全方位的，涉及各個領域，包括經濟體制改革、政治體制改革、文化體制改革、社會體制改革、生態文明體制改革，等等。經過改革開放近 40 年的探索，我們黨帶領中國人民不斷豐富中國特色社會主義理論體系、不斷完善中國特色社會主義制度，在中國特色社會主義道路上闊步前進，使面向未來的人類現代文明中國形態的建構在內涵與邏輯上更加明確。近 40 年來，我國之所以取得舉世矚目的發展成就，得益於改革開放，歸功於改革開放。通過不斷改革開放進行社會主義建設、加快實現現代化，這是中國共產黨進行的一場偉大實踐。

然而，由於我國現代文明要素是在較短時間內生成的，很多要素的功能尚未得到充分發育，各要素之間內在有機聯結也尚未完全形成。因此，黨的十八屆三中全會提出全面深化改革，完善和發展中國特色社會主義制度，推進國家治理體系和治理能力現代化，從而使面向未來的人類現代文明中國形態更加成熟定型。在實踐中，以習近平同志為核心的黨中央統籌推進「五位一體」總體佈局，協調推進「四個全面」戰略佈局，使中國特色社會主義不斷取得重大成就，也使我們比過去任何時候都更加接近中華民族偉大復興的目標。

中國特色社會主義為發展中國家走向現代化提供中國方案

中國特色社會主義是現代文明發展邏輯、中華文明歷史邏輯與共產主義運動邏輯共同演繹的結果；是中國人民在中國共產黨領導下，在馬克思主義指導下，根據自身特點、遵循實事求是原則，在推進現代化建設、實現中華民族偉大復興的進程中不斷探索形成的。中國特色社會主義充分體現了中華民族與中國人民在現代文明建構過程中的主體性與創造性，從而為解決發展中國家走向現代化所面臨的根本性與深層次矛盾貢獻了中國智慧、提供了中國方案。

作為現代文明發展邏輯的有效體現，中國特色社會主義能夠在遵循現代化基本規律的前提下，立足自身國情積極追求現代化發展。中國特色社會主義能夠按照不同階段現代化發展的需要來開展各項建設，而不是簡單照抄照搬某些西方國家現代化模式，始終保持自己的戰略定力，從而正確處理現代化發展一般規律與自身邏輯之間的關係，避免了一些發展中國家在現代化進程中由於發展與秩序衝突、特殊性與一般性脫離而引發的嚴重後果。

作為中華文明歷史邏輯的現實延續，中國特色社會主義能夠大力弘揚中華民族的優良傳統。比如，在推動現代國家建設與現代社會發展中強調愛國主義與集體主義，能有效解決現代化進程中各種因素和力量對共同體的衝擊，從而避免一些發展中國家在現代化進程中出現的整體性不足、有效性缺失、共同體崩潰的後果。

作為共產主義運動邏輯的組成部分，中國特色社會主義始終堅持科學社會主義基本原則，以實現人的全面發展、社會全面進步為目標。中國特色社會主義堅持人民當家作主，堅持公有制為主體，有效解決

了現代化進程中資本作用、市場機制與社會整體發展的矛盾，有效解決當下文明建構與長遠共產主義發展方向之間的矛盾，從而使現代化建設與人的全面發展、現代化建設與人民當家作主、現代化建設與面向未來之間的關係得以有機統一，避免了一些發展中國家在現代化進程中出現的國家與社會發展被資本和少數人綁架等後果。

中國特色社會主義是現代文明發展邏輯、中華文明歷史邏輯與共產主義運動邏輯共同演繹的結果。正是由於這幾個邏輯綜合作用，中國特色社會主義為解決人類現代文明發展的困境、為發展中國家走向現代化貢獻了中國智慧、提供了中國方案。

中國特色社會主義對人類文明發展影響深遠

人類文明在古代社會條件下，是以區域性方式分散發展起來的。到了現代社會，在經濟全球化影響下，人類文明發展越來越呈現全球化特徵。然而，這樣的發展趨勢並未否定不同區域與國家的實踐對現代文明發展的貢獻與影響。

由於中國特色社會主義是現代文明發展邏輯、中華文明歷史邏輯與共產主義運動邏輯共同作用的產物，因此，在時間上它體現了歷史、現代與未來的統一，在空間上它體現了不同國家具體實踐與全球化一般特徵的統一。中國特色社會主義有效解答了中華民族走向現代化、實現偉大復興的歷史命題，對人類文明發展具有十分重要的影響。

中國特色社會主義成功推動中華民族現代轉型與偉大復興，並從邏輯上與制度安排上形成推動中華民族進一步走向未來的基礎與動力。中國特色社會主義的成功實踐拓展了發展中國家走向現代化的途徑，

不僅具有具體實踐借鑒意義，而且具有一般性理論價值，從而豐富了人類現代文明發展的內涵。中國特色社會主義的成功實踐豐富了共產主義運動內涵，為人們堅定共產主義遠大理想提供實踐基礎，從而使人類文明發展方向進一步明確。因此，中國特色社會主義不斷開闢發展新境界具有深刻的歷史意義、時代意義、世界意義。

《人民日報》（2017 年 10 月 11 日　07 版）

中國道路的世界歷史意義

王明生

　　中國特色社會主義道路（以下簡稱中國道路）以其高遠的價值追求、開放的世界胸懷、包容的文化視野、成功的偉大實踐，成為實現中華民族偉大復興中國夢的必由之路。不僅如此，中國道路還打破西方發展模式主導世界發展的壟斷格局，走出西方「國強必霸」的傳統大國發展模式窠臼，豐富了世界現代化發展道路的多樣性，為世界各國尤其是發展中國家提供了可資借鑒的中國方案與中國經驗，具有重大世界歷史意義。

中國道路豐富了世界現代化道路的多樣性

　　世界是豐富多彩的。如同不能只有一種色彩一樣，世界上不能只有一種文明、一種發展模式、一種價值觀念。世界文明的多樣性，決定了各個國家在社會發展道路上應尊重多樣性、尊重選擇權。

　　第二次世界大戰結束後，儘管廣大亞非拉發展中國家擺脫殖民枷鎖、獲得了獨立，但西方國家通過建構不公正不合理的國際政治經濟秩序和「西方中心論」等話語霸權，在經濟全球化進程中將廣大發展中國家裏挾進西方體系，繼續成為西方資本主義發展鏈條上薄弱且被動的一環。尤其是隨著蘇聯解體和東歐劇變，世界格局出現新變化，西方國家似乎不戰而勝。這不僅鞏固了西方國家的強勢地位，而且將

西方話語霸權推至頂峰，有人甚至將西方自由民主制度和現代化發展道路預言為「人類意識形態發展的終點」和「人類最後一種統治形式」。

「鞋子合不合腳，只有自己知道。」一個國家究竟走什麼樣的發展道路，最終要靠事實說話，要由這個國家的人民作出選擇。新中國成立 60 多年特別是改革開放 30 多年來，我國堅持走自己的路，實現了經濟持續快速發展，成為世界第二大經濟體，7 億多人口擺脫貧困，人均國內生產總值超過 8000 美元。中國用 30 多年時間走完了西方發達國家幾百年走過的發展歷程，實現從一窮二白到建立現代工業體系和國民經濟體系的跨越，實現從物資極度匱乏、產業百廢待興到成為世界經濟增長引擎、全球製造基地的跨越，實現從貧窮落後到闊步走向繁榮富強的跨越。歷史以超出人們想像的大跨越和大進步，對中國共產黨領導人民走出的中國道路作出了最生動的詮釋。中國道路的成功意味著西方「中國崩潰論」的崩潰和「歷史終結論」的終結，說明現代化並不一定意味著西方化。

中國道路的成功豐富了世界現代化道路的多樣性。世界上既沒有唯一的發展模式，也沒有一成不變的發展道路。尊重各國根據自己的國情選擇社會制度和發展道路的權利，尊重各國自主推動經濟社會發展和改善人民生活的探索與實踐，是世界多極化與國際關係民主化的必然要求。中國道路既不是「傳統的」，也不是「外來的」，更不是「西化的」，而是我們「獨創的」，是一條既堅持科學社會主義基本原則，又根據時代特徵賦予其鮮明中國特色的發展道路。尊重世界文明多樣性、發展道路多樣化，尊重和維護各國人民自主選擇社會制度和發展道路的權利，相互借鑒，取長補短，這是人類文明進步的歷史潮流和內在規律。

中國道路提供了人類實現和平發展的新模式

　　和平發展是中國道路的重要特徵。我國堅持獨立自主的和平外交政策，堅持走和平發展道路，堅持互利共贏的開放戰略。我國在實現自身健康有序發展的同時，還堅持正確的義利觀，踐行不爭霸、不稱霸、不結盟、不擴張、不謀求勢力範圍的莊嚴承諾，宣導構建以合作共贏為核心的新型國際關係，積極參與全球治理體系建設，維護和平穩定的國際環境；尊重其他國家自主選擇的發展模式，與其他發展中國家分享改革發展的成功經驗，促進各國普遍發展繁榮。這些都與西方一些國家通過建立殖民體系、爭奪勢力範圍、對外武力擴張實現發展的老路子根本不同。

　　縱觀西方大國崛起的歷史，「暴力」是其發展道路上的主旋律。新航路的開闢，開啟了西方大國崛起之門，也打開了西方殖民擴張的潘朵拉魔盒。工業革命尤其是第二次工業革命後，帝國主義國家掀起了瓜分世界市場的狂潮。為搶奪市場、瓜分世界和獲取霸權地位，新舊殖民主義者的矛盾不斷激化，以致引發了兩次慘絕人寰的世界大戰。第二次世界大戰以後，西方發達國家雖然不能再以赤裸裸的方式進行殖民掠奪，但霸權主義和強權政治仍然存在，不公正不合理的國際政治經濟秩序仍然存在，國際「遊戲規則」仍然主要由少數西方發達國家制定。少數西方發達國家經常打著「自由、民主、人權」等「普世價值」的旗號，強行輸出西方價值觀念，甚至直接使用武力干涉其他國家內部事務。美國學者亨廷頓直截了當地指出：「普世文明的概念有助於為西方對其他社會的文化統治和那些社會模仿西方的實踐和體制的需要作辯護。普世主義是西方對付非西方社會的意識形態。」

歷史上，西方窮兵黷武式的發展道路給世界各國人民帶來了揮之不去的陰影，久而久之形成了一種「國強必霸」的「自然」意識。中國道路的成功，走出了一條能夠跳出西方霸權衝突歷史週期率的和平發展之路。和平發展是中華文化的基因，是中國道路的內在屬性和本質特徵。面對中國日益走向繁榮富強，國際上一些人認為中國發展起來了就會成為其他國家的一種威脅。對此，習近平同志作出了明確回應：中國繁榮昌盛是趨勢所在，但國強必霸不是歷史定律。「中華民族的血液中沒有侵略他人、稱霸世界的基因，中國人民不接受『國強必霸』的邏輯，願意同世界各國人民和睦相處、和諧發展，共謀和平、共護和平、共用和平」。中國走和平發展道路既是通過維護世界和平發展自身，又是通過自身發展維護世界和平。走和平發展道路是中國對國際社會關注中國發展走向的回應，更是中國人民對實現自身發展目標的自信和自覺。這種自信和自覺來源於中華文明的深厚積澱，來源於對實現中國發展目標所需條件的深刻認知，來源於對世界發展大勢的準確把握。中國走和平發展道路不是權宜之計，更不是外交辭令，而是從對歷史、現實、未來的客觀判斷中得出的科學結論，是文化自信和實踐自覺的有機統一。

中國堅持和平發展，走出了傳統「國強必霸」大國崛起模式的窠臼，是中國根據時代潮流和國家根本利益作出的戰略抉擇。它既為中國實現自己的發展目標營造了有利國際環境，符合中國的利益；又為世界和平發展作出了貢獻，為其他國家提供了走和平發展道路的成功範例。

中國道路有助於發展中國家尋找自己的發展道路

中國道路的成功開闢，不僅對中國實現現代化具有重大意義，而且將對世界現代化和人類文明發展進程產生深遠影響，尤其是能夠為廣大發展中國家推進現代化提供有益借鑒。正如習近平同志所說的，中國道路使「中國的社會生產力、綜合國力實現了歷史性跨越，人民生活實現了從貧困到溫飽再到總體小康的歷史性跨越。這不僅使中國徹底拋掉了『東亞病夫』的帽子，而且為人類戰勝貧困、為發展中國家尋找發展道路提供了成功的實例」。

20世紀中後期，包括中國在內的廣大發展中國家通過不懈努力，陸續擺脫殖民統治，實現了民族解放和民族獨立。隨後，現代化建設成為發展中國家必須面對的共同課題。現代化建設首先要解決的就是發展道路問題。選擇發展道路有兩種方式：一種是複製移植、照搬照抄；另一種是獨立探索、合理借鑒。一些發展中國家為西方發達國家的發展模式所吸引，試圖通過模仿複製快速發展起來。然而，隨著時間的推移，西方道路給這些忽略了本國國情的國家帶來了經濟畸形發展、社會矛盾凸顯、政局動盪不安等諸多災難性後果。與之形成鮮明對比，中國共產黨和中國人民在馬克思主義指導下，合理借鑒人類文明發展的有益成果，堅持探索適合中國國情的發展模式，成功開闢了中國道路。

中國和其他一些發展中國家雖然曾經站在大致相同的發展起點上，但由於選擇了不同的發展道路，得到的結果可謂天壤之別：中國道路使中國發展成就輝煌，而西方道路則使很多發展中國家陷入困境。尤其是在拉美新自由主義政策破產、亞洲金融危機和國際金融危機接踵而至的世界形勢下，中國不僅經受住了各種危機和困難的考驗，而

且為本地區乃至全球經濟的復蘇和發展作出了重要貢獻、提供了中國經驗，中國道路因此備受世界關注。很多發展中國家從事實中認識到西方發展模式的弊端，發現了中國道路所具有的優勢和潛力，體會到了中國經驗的寶貴價值，因此更加注重借鑒中國的發展經驗，更加注重探索符合自身國情的發展模式。

其實，從廣大發展中國家的現代化進程和發展邏輯看，中國和其他發展中國家的命運是相似的，都面臨著加快發展、改善民生的歷史使命。在發展目標上，中國夢同廣大發展中國家人民的美好夢想息息相通，都是要實現國家富強、民族振興、人民幸福。中國道路的成功使中國從地域性存在走向世界歷史性存在，能夠為具有相似國情、相似命運和共同使命的廣大發展中國家提供有益參考和借鑒。正如鄧小平同志所說的：「我們的改革不僅在中國，而且在國際範圍內也是一種實驗，我們相信會成功。如果成功了，可以對世界上的社會主義事業和不發達國家的發展提供某些經驗。」

中國道路的成功開闢使中國取得了舉世矚目的輝煌成就，它不僅徹底洗刷了中國近代以來的民族屈辱，根本改變了中國貧窮落後的面貌，而且重塑了中國的世界形象，提高了中國的國際地位和國際影響力，擴大了中國的國際話語權。中國道路使中國以嶄新的姿態屹立於世界民族之林，它承載著實現中華民族偉大復興這個近代以來中華民族最偉大的夢想，體現著人類對社會主義的美好憧憬和不懈探索，是人類文明發展成果的重要組成部分。「民族的就是世界的。」中國道路不僅是中國的，也是世界的，具有重大世界歷史意義。

《人民日報》（2016 年 12 月 28 日　07 版）

開闢科學社會主義發展新境界

趙中源

　　科學社會主義基本原則是認識和實踐社會主義的基本依據與準則，規定著社會主義的本質、立場和方向，是科學社會主義理論的核心內容。我們黨在 90 餘年革命、建設和改革進程中，始終遵循科學社會主義基本原則，經過艱辛理論探索和實踐，形成了馬克思主義中國化的一系列理論成果，使科學社會主義在 21 世紀煥發出新的蓬勃生機。黨的十八大以來，以習近平同志為核心的黨中央站在新的歷史高度，堅持科學社會主義基本原則，深刻把握社會主義建設規律，直面我國改革發展的新特點、新問題，科學統籌國內國際兩個大局，毫不動搖地堅持和發展中國特色社會主義，開闢了科學社會主義發展新境界。

著眼推進馬克思主義中國化，在實踐中豐富和發展科學社會主義理論

　　與時俱進是馬克思主義的理論品質，推進馬克思主義中國化是我們黨一以貫之的重大使命和任務。新形勢下推進馬克思主義中國化，首先要求我們堅持科學社會主義基本原則，著眼實現「兩個一百年」奮鬥目標和中華民族偉大復興的中國夢，不斷推進實踐基礎上的理論創新，以中國特色社會主義理論體系的最新成果豐富和發展科學社會

主義理論。

　　黨的十八大以來，以習近平同志為核心的黨中央緊緊圍繞堅持和發展中國特色社會主義這個主題，立足國內國際形勢發展的新特點，直面改革發展中的矛盾和問題，統籌推進「五位一體」總體佈局，協調推進「四個全面」戰略佈局，形成了以人民為中心的發展思想，創新、協調、綠色、開放、共用的發展理念，「一帶一路」倡議，推動構建人類命運共同體等一系列新形勢下治國理政的新理念、新思想、新戰略，涵蓋中國特色社會主義的方向、目標、理念、價值、戰略、安全、定力、保障等方方面面，構成了中國特色社會主義理論體系最新成果，創造性地豐富和發展了馬克思主義中國化理論，開闢了科學社會主義發展新境界。具體來說，「四個全面」戰略佈局構成了新形勢下推進中國特色社會主義的戰略抓手；以人民為中心的發展思想和創新、協調、綠色、開放、共用的發展理念，明確了新形勢下中國特色社會主義的基本價值取向和戰略理念；「一帶一路」倡議和推動構建人類命運共同體，彰顯了新形勢下中國特色社會主義的世界眼光和國際擔當；等等。這些馬克思主義中國化的最新理論成果，進一步詮釋了科學社會主義的本質內涵和生命力，成為新形勢下堅持科學社會主義基本原則、不斷推進中國特色社會主義事業的行動指南。

針對模糊認識與錯誤觀點，堅持和豐富科學社會主義基本原則

　　堅持科學社會主義基本原則，高舉中國特色社會主義偉大旗幟，是堅持和拓展中國特色社會主義道路的內在要求。中國特色社會主義

建設並非一帆風順，始終面對著各種模糊認識和錯誤觀點，如把中國特色社會主義與科學社會主義對立起來，一味強調中國特色社會主義的特殊性；拋棄科學社會主義基本原則，主張只有民主社會主義才能發展中國；將改革開放以來的中國特色社會主義與計劃經濟時期的社會主義對立起來或相互否定；把中國特色社會主義視為中國特色資本主義或者國家資本主義，鼓吹走封閉僵化的老路；等等。針對這些模糊認識和錯誤觀點，習近平同志從堅持和發展中國特色社會主義的歷史高度，科學闡明了社會主義發展的歷史進程，中國特色社會主義的歷史方位、本質屬性及其與科學社會主義的關係等一系列重大理論問題。

習近平同志指出，中國特色社會主義是社會主義而不是其他什麼主義，科學社會主義基本原則不能丟，丟了就不是社會主義；中國特色社會主義開闢了馬克思主義新境界，我們這一代共產黨人的任務，就是繼續把堅持和發展中國特色社會主義這篇大文章寫下去。這既是對中國特色社會主義的歷史定性，也表明了我們黨高舉中國特色社會主義旗幟的歷史擔當。習近平同志結合探究社會主義運動 500 年的發展歷程與發展邏輯，將社會主義發展劃分為六個時間段，科學回答了堅持走中國特色社會主義道路的歷史必然性，即中國特色社會主義是科學社會主義理論邏輯和中國社會發展歷史邏輯的辯證統一，是適應中國和時代發展進步要求的科學社會主義。同時對如何認識中國社會主義革命、建設和改革不同階段的理論與實踐作出了明確結論，對如何堅定社會主義理想信念提出了具體要求，即把堅定對馬克思主義、對社會主義和共產主義的信念作為畢生追求，增強中國特色社會主義道路自信、理論自信、制度自信和文化自信；認真學習馬克思主義經

典著作，系統掌握科學社會主義基本原理，牢牢把握中國特色社會主義的「源頭」，增強黨性修養；勇於實踐、銳意進取，不斷在實踐中有所發現、有所創造、有所前進。

習近平同志關於社會主義發展「六個時間段」、中國特色社會主義是「兩大邏輯」的辯證統一、堅定中國特色社會主義「四個自信」等一系列新思想新觀點新論斷，旗幟鮮明地宣示了中國共產黨不忘初心、堅持科學社會主義基本原則的堅定立場，同時賦予了科學社會主義基本原則嶄新的時代內涵。

直面深化改革發展新實踐，用科學社會主義基本原則分析和解決問題

科學社會主義基本原則具有普遍性，但其具體實現形式需要立足各國基本國情尤其是各國所處的歷史階段和承擔的歷史任務而定。當前，我國發展既處於可以大有作為的重要戰略機遇期，又面臨諸多矛盾相互疊加、風險隱患增多的嚴峻挑戰。跨越「中等收入陷阱」，實現「兩個一百年」奮鬥目標和中華民族偉大復興的中國夢，對我們黨運用科學社會主義基本原則分析和解決問題提出了新的更高要求。

以習近平同志為核心的黨中央科學研判我國改革開放和社會主義現代化建設所處的歷史階段，得出了「三個沒有變」和「三期疊加」的基本判斷，明確了我們黨在新形勢下治國理政的時代背景和現實依據。「三個沒有變」，核心是社會主義初級階段的基本國情沒有變；「三期疊加」，表明當前我國同時處於改革攻堅期、發展關鍵期、矛盾凸顯期。基於這一基本判斷，我們黨堅持科學社會主義基本原則，

明確了新形勢下治國理政的一系列科學理念：一是堅持科學社會主義本質規定，以人民對美好生活的嚮往作為新形勢下黨的奮鬥目標。解放生產力，發展生產力，消滅剝削，消除兩極分化，最終達到共同富裕，這是社會主義的本質所在，蘊含了大力發展生產力、以公有制為主體、按勞分配、共同富裕等原則要求。我們黨提出以人民為中心的發展思想，全面建成小康社會，促進共用發展，推進精準扶貧、精準脫貧等，都體現了新形勢下社會主義發展的本質要求。二是堅持科學社會主義價值追求，努力促進社會公平正義。黨的十八大以來，我們黨大力弘揚社會主義核心價值觀，全面深化改革、破除「利益固化藩籬」，切實提高社會保障水準，嚴懲腐敗和各種社會醜惡現象，強調保障每個人都有人生出彩機會等，對科學社會主義的公平正義原則作出了時代詮釋。三是堅持科學社會主義方法論，以與時俱進、求真務實的精神推進各項事業發展。社會主義是分階段的，同時是不斷發展變化的。因此，我們黨治國理政需要把握社會發展的階段性特徵，抓住社會主要矛盾，堅持原則性與靈活性的有機統一。習近平同志關於「三個沒有變」「三期疊加」的論斷，以及推進新一輪改革要將各項改革任務、制度建設向全面建成小康社會這個目標聚焦、向構建發展新體制聚焦，扭住關鍵、精準發力，嚴明責任、狠抓落實，確保各項改革取得預期成效的要求，都體現了對科學社會主義方法論的遵循和發展。

推動國際經濟政治治理體系變革，引領世界科學社會主義發展潮流

科學統籌國內國際兩個大局，審大勢、謀大局、成大事，是以習

近平同志為核心的黨中央治國理政的鮮明風格。當今世界經濟政治治理體系正在發生深刻變革：一方面，世界多極化發展的大趨勢，使得既有世界經濟政治秩序的深刻調整在所難免；另一方面，由於各種複雜和深層次的原因，世界經濟政治新秩序的建構面臨諸多嚴峻挑戰。以習近平同志為核心的黨中央密切關注國際形勢的發展變化，準確把握世界發展大勢，積極在國際經濟政治治理體系變革中發出中國聲音、提出中國主張，在全世界面前展示了中國作為負責任大國的歷史擔當和巨大作用，為世界科學社會主義發展堅定了信心、注入了活力。

積極為世界經濟政治治理體系變革提供中國方案，彰顯最大社會主義國家的魅力與擔當。習近平同志提出的中國夢具有兼濟天下的價值追求，與世界各國人民的美好夢想息息相通；宣導合作共贏，推動構建人類命運共同體，勾畫了當今世界各國乃至人類命運的理想歸宿及其實現途徑，為公正有效地處理國際關係、解決國際糾紛提供了道德準則與行為規範；「一帶一路」倡議的積極實施，為長期低迷的世界經濟走出困境提供了新的思路與機遇；創新、協調、綠色、開放、共用的發展理念，豐富了當今世界經濟發展理論與實踐；著眼互利共贏的外交理念和實踐，為維護世界和平與正義、建構合理的國際經濟政治治理新秩序提供了有力支援。

堅持不忘初心、繼續前進，為世界社會主義發展提供強大正能量。黨的十八大以來，以習近平同志為核心的黨中央始終堅持對馬克思主義的堅定信仰，並結合新的時代特點和黨的歷史任務，創造性地推進理論創新、實踐創新，不斷把馬克思主義中國化推向前進；堅定共產主義遠大理想和中國特色社會主義共同理想，堅持中國特色社會主義道路自信、理論自信、制度自信、文化自信，堅持黨的基本路線

不動搖；堅定不移高舉改革開放旗幟，勇於全面深化改革；保持黨的先進性與純潔性，全面推進從嚴治黨；等等。所有這些，從不同層面為世界社會主義政黨的理論建設、制度建設和治國理政的理論與實踐發展，尤其是堅定馬克思主義信仰和對科學社會主義的信心提供了示範，為世界科學社會主義發展注入了新的生機與活力、作出了新的歷史貢獻。

《人民日報》（2017 年 02 月 07 日 07 版）

中國特色社會主義的世界貢獻

任理軒

　　一個具有世界意義的主義理所應當對世界作出貢獻。這種貢獻至少包括這樣三個層面：貢獻了什麼，貢獻帶來了什麼，還能貢獻什麼？

　　社會主義具有世界意義。它促進不少國家和民族信仰社會主義、走社會主義道路、實行社會主義制度，也給多數非社會主義國家注入社會主義元素。社會主義給中國帶來「五千年未有之大變局」，推動中國形成並發展中國特色社會主義。

　　中國特色社會主義具有世界意義。它解決了世界 1/5 人口的小康問題，用短短幾十年時間推動最大發展中國家創造經濟總量位列世界第二的奇跡，給世界注入強大正能量。它給世界 1/5 人口開闢國家富強、民族振興、自身幸福的光明前景，也給世界人民帶來和平發展的新希望。

中國特色社會主義對世界貢獻了什麼

　　中國特色社會主義對世界的貢獻是全方位的，既有增進民生福祉、推動人類發展進步事業的貢獻，也有對世界社會主義的貢獻，還有對世界經濟增長的貢獻。這是一份沉甸甸的成績單，足以讓我們深感自豪。

　　以一國之力大幅增進世界 1/5 人口的福祉，創造了人類減貧史上

的奇跡。社會主義的本質是解放生產力，發展生產力，消滅剝削，消除兩極分化，最終達到共同富裕。以更快速度和更高品質發展起來、讓人民共用發展成果，是中國特色社會主義的巨大優勢。改革開放30多年，中國走完了發達國家幾百年走過的發展歷程，經濟總量從世界第十位躍升到第二位，創造了舉世矚目的經濟奇跡。與此同時，中國在增進民生福祉方面也創造了人類歷史上的奇跡：7億多貧困人口擺脫貧困，對全球減貧的貢獻率超過70%，被國際社會譽為「人類歷史上前所未有的偉大成就」；人均國民總收入從190美元連續翻番達到7880美元，從低收入國家跨入中等偏上收入國家行列，13億中國人民的生活水準實現了質的飛躍。黨的十八屆五中全會又確定了里程碑式的目標：到2020年我國現行標準下農村貧困人口實現脫貧，貧困縣全部摘帽。屆時，我國人均國民總收入將接近高收入國家水準。這意味著不遠的將來，世界上生活在高收入經濟體的人口將翻一番。對人類發展進步事業來說，這是前所未有的偉大事件！正如習近平同志所指出的：「中國一心一意辦好自己的事情，既是對自己負責，也是為世界作貢獻。」

探索出適合本國國情的社會主義道路，用成功實踐詮釋什麼是社會主義、怎樣堅持和發展社會主義。20世紀90年代，蘇聯解體、東歐劇變，世界社會主義陷入低潮，不少人對社會主義的前途命運產生懷疑。中國特色社會主義以巨大發展成就有力證明：社會主義代表人類進步方向，社會主義優越於資本主義；在當代中國，堅持和發展中國特色社會主義就是真正堅持社會主義。中國特色社會主義，既堅持科學社會主義基本原則，又根據時代條件賦予其鮮明的中國特色，從而保證它既牢牢堅持社會主義的性質，又能有效解決今天中國面臨的

問題，使中國以罕見的速度發展起來。中國特色社會主義，建立在對共產黨執政規律、社會主義建設規律、人類社會發展規律認識不斷昇華的基礎上，從而保證它始終沿著人類文明進步方向，沿著解放和發展生產力、造福人民的道路披荊斬棘、砥礪前行，不斷取得新的認識成果和發展成就。改革開放以來，社會主義市場經濟、社會主義民主政治、社會主義先進文化、社會主義和諧社會、社會主義生態文明等的建構與發展，無不是科學社會主義基本原則同中國實際和時代特徵有機結合的成果。我們黨提出的以改革創新精神全面推進黨的建設新的偉大工程和全面從嚴治黨思想、中國特色社會主義「五位一體」總體佈局和「四個全面」戰略佈局、和平與發展成為時代主題和構建以合作共贏為核心的新型國際關係等，無不彰顯著對三大規律的科學認識、正確運用。中國找到了適合自身國情的社會主義道路，也為其他國家探索和堅持符合自身國情的發展道路提供了有益借鑒。社會主義和馬克思主義在中國大地上煥發出蓬勃生機與活力。

對世界經濟增長的貢獻持續提升，是世界經濟穩定發展的定海神針和重要引擎。伴隨持續快速發展，中國對世界經濟的貢獻大幅攀升、正面外溢效應越來越強。1978 年，中國國內生產總值占世界的比重僅為 1.8%。僅僅 30 多年後，中國國內生產總值占世界的比重達到 15.5%，對世界經濟增長的貢獻率達到近 30%，超過美國居全球第一位。近年來，中國經濟發展進入新常態，增速從高速轉為中高速，但減速不減勢、量增質更優，給世界經濟帶來更為巨大而綜合的正面外溢效應。2013—2015 年，在世界經濟增速僅為 2.4% 的情況下，中國經濟增速達到 7.3%，繼續領跑世界。目前，中國是世界貨物貿易第一大國，是世界貨物貿易增長的最大貢獻者，是後國際金融危機時

期穩定世界市場預期的重要力量。中國服務貿易進出口總額躍居世界第二位，是世界服務貿易增長的最大促進者。中國是世界主要對外投資大國，2005—2014 年中國對外投資對全球跨境投資增長的貢獻率達19.9%，為許多國家創造了大量財富和就業。今天，曾經遭人白眼的「東亞病夫」成為世界各國競相吸引的遊客，為世界市場繁榮與全球經濟發展注入源源不斷的活力和動力。

中國貢獻給世界帶來了什麼

中國特色社會主義對世界的貢獻帶來的是世界對社會主義的信心更足，是一條新型現代化道路，是推動構建良好國際發展環境和國際新秩序的力量更加壯大。中國特色社會主義對世界的貢獻，充分展示了中國作為社會主義國家和負責任大國的包容胸懷與歷史擔當。

推動世界多極化，中國特色社會主義成為人類社會發展重要動力源泉。當蘇東劇變、世界社會主義陷入低潮時，世界上沒有人預見到中國會成為世界經濟的中流砥柱，沒有人相信中國特色社會主義會在多極化世界中最具吸引力。中國特色社會主義的吸引力，不僅在於能夠快速發展生產力，而且在於能夠快速提高人民生活水準；不僅在於中國共產黨作為執政黨的強大決策力和執行力，而且在於人民當家作主；不僅在於經濟活躍、社會穩定，而且在於市場有效、政府有為；不僅在於中華文化海納百川、相容並蓄的傳統品格，而且在於著力構建人與人、人與社會、人與自然和諧相處社會發展格局的創新實踐。世界上越來越多的學者和智庫開始研究中國的成功之道，試圖破解中國成功的密碼。土耳其中央銀行北京經濟參贊尤科賽爾·戈邁茲說，

2008 年國際金融危機後，各國學者發現，長期以來中國制定 5 年規劃的作用被大大低估了，中國的 5 年規劃受到越來越多國家的稱讚。美國耶魯大學高級研究員斯蒂芬‧羅奇建議，美國可以學習中國採取更宏觀的經濟規劃，如制定策略、進行 5 年規劃等。中國特色社會主義的生動實踐證明，人類歷史並未終結，社會主義具有強大生命力、影響力、感召力，中國特色社會主義是人類社會發展進步的重要動力源泉。

走自己的路，中國特色社會主義為世界提供了可資借鑒的現代化模式。長期以來，人們對現代化的認識主要來自西方。歷史上，西方國家現代化大都伴隨著海外擴張和殖民掠奪，給世界人民帶來深重苦難。近些年，一些發展中國家實行西方新自由主義紛紛宣告失敗，西方傳統工業化道路導致日益嚴重的全球生態環境問題，肇始於發達國家的國際金融危機讓世界吞下苦果。實踐表明，西方現代化道路弊端叢生、難以為繼。中國特色社會主義走出了一條與西方不同的現代化道路，這是一條生產力水準大幅提高、以實現共同富裕為價值取向的社會主義道路，是一條生產發展、生活富裕、生態良好的文明發展道路，是一條通過合作共贏實現共同發展的和平發展道路。黨的十八大以來，我們對現代化規律的認識達到了新高度，不僅科學回答了中國現代化面臨的問題，而且有助於解答人類共同面臨的發展難題：提出「四個全面」戰略佈局，解決推進現代化的頂層設計問題；提出創新、協調、綠色、開放、共用的新發展理念，解決發展動力、協調發展、生態安全、統籌內外、收入差距等問題；提出協同推進新型工業化、信息化、城鎮化、農業現代化和綠色化，破解傳統工業化困局。中國現代化道路的成功實踐是對西方現代化道路的超越，拓展了人類認識

和推進現代化的新境界，為世界各國特別是發展中國家實現現代化提供了可資借鑒的新模式。人類現代化進程因為中國的探索和貢獻而展現出更加光輝燦爛的前景。

做負責任大國，中國特色社會主義推動構建良好國際發展環境和國際新秩序。中國在致力於自身發展的同時，從未忘記所應承擔的國際責任。近年來，習近平同志在全球政治、經濟、安全等領域提出一系列中國理念、中國倡議、中國方案，產生了積極的國際影響。中國積極構建以合作共贏為核心的新型國際關係，堅持國家不分大小、強弱、貧富一律平等，帶頭走「對話而不對抗，結伴而不結盟」的國與國交往新路；宣導共商共建共用的全球治理理念，努力使全球治理體制更加平衡地反映大多數國家的意願和利益；設立「南南合作援助基金」、增加對最不發達國家投資、免除最不發達國家2015年年底到期未還的無息貸款債務等，以務實舉措幫助發展中國家發展；深入參與反恐禁毒、維護網絡安全、應對氣候變化等國際合作，在保護生態環境方面採取積極行動，對《巴黎協定》的達成作出突出貢獻。中國全方位履行負責任大國責任，受到國際社會高度評價。法國參議院外事委員會主席、前總理拉法蘭說，在一個極不平衡的世界裡，中國正成為一支保持平衡的力量。聯合國秘書長潘基文盛讚中國所展現的全球領導力，認為「中國處於千年發展目標以及制定令人鼓舞的新全球可持續發展目標的核心地位」。在中國特色社會主義道路上，中國以合作共贏、和平發展、勇於擔當、伸張正義的姿態走向世界舞臺中心。

中國特色社會主義還能貢獻什麼

在中國特色社會主義道路上實現中華民族偉大復興的中國夢，意味著中國將勇立和平、發展、合作、共贏的時代潮頭，以扎實的發展、先進的理念和務實的舉措為世界貢獻更多的「中國機遇」「中國智慧」「中國力量」。

中國人民將同世界各國人民共用光榮與夢想，在實現各自夢想的過程中相互支持、相互幫助。今天的中國正在向「兩個一百年」目標奮進，中華民族偉大復興的中國夢正在一步步變為現實。中國夢同世界各國人民的美好夢想息息相通。中國夢是追求和平的夢。正如習近平同志所指出的，中華民族的血液中沒有侵略他人、稱霸世界的基因，中國人民不接受「國強必霸」的邏輯，願意同世界各國人民和睦相處、和諧發展，共謀和平、共護和平、共用和平。中國夢是追求幸福的夢，不僅造福中國人民，而且造福世界各國人民。一個深化改革、日益繁榮的中國將為世界各國提供更多「中國機遇」。中國夢是奉獻世界的夢。中國尋求與世界各國的務實合作，並將持續推進與世界的利益融合進程；中國致力於擴大文明交流與互鑒，「讓文明交流互鑒成為增進各國人民友誼的橋樑、推動人類社會進步的動力、維護世界和平的紐帶」。中國是一頭「和平的醒獅」。中國夢給世界帶來的是機遇而不是威脅，是和平而不是動盪，是進步而不是倒退；中國越發展，對世界和平與發展就越有利。

搭建「一帶一路」合作大平臺，促進人類發展好戲連臺。習近平同志提出的「一帶一路」倡議，致力於促進沿線各國經濟繁榮和區域合作、加強不同文明交流互鑒，彰顯雙贏、多贏、共贏的新理念，促

進各國相互補臺、好戲連臺，是一項促進世界和平發展、造福沿線國家人民的偉大事業。「一帶一路」東連亞太經濟圈，西接歐洲經濟圈，是縱貫亞歐非、統籌陸海、面向全球的世紀藍圖。它超越了一些發達國家主導的區域貿易安排，不是歧視性、排他性的，而是公平、開放的；不是你輸我贏、贏者通吃，而是各方共贏、美美與共；不是少數國家的俱樂部，而是所有國家均可參與、促進人類發展好戲連臺的合作大平臺。中國所秉持的理念，正如習近平同志所指出的，天空足夠大，地球足夠大，世界也足夠大，容得下各國共同發展繁榮。「一帶一路」建設讓參與國家搭上中國發展的「和諧號」快車，讓沿線國家乃至世界各國有機會分享中國改革開放的紅利，必將推動更大範圍、更高水準、更深層次的大開放、大交流、大融合，打造政治互信、經濟融合、文化包容的利益共同體、責任共同體和命運共同體。「一帶一路」是中國特色社會主義綻放的和平、發展、合作、共贏之花，必將為促進世界經濟發展和人類文明進步作出新的更大貢獻。

打造人類命運共同體，迎接持久和平、共同繁榮的嶄新時代。當今世界，各國相互聯繫、相互依存的程度空前加深，人類生活在同一個地球村，既共用繁榮，也共同面對恐怖主義、金融動盪、生態危機等全球性挑戰，沒有哪個國家可以置身事外、獨善其身。為促進各國攜手應對全球性挑戰，習近平同志提出了打造人類命運共同體這一超越民族國家和意識形態的「全球觀」和建設持久和平、共同繁榮和諧世界的「中國方略」。他深刻指出：「為了和平，我們要牢固樹立人類命運共同體意識。偏見和歧視、仇恨和戰爭，只會帶來災難和痛苦。相互尊重、平等相處、和平發展、共同繁榮，才是人間正道。」牢固樹立人類命運共同體意識，需要凝聚和平、發展、公平、正義、民主、自

由的全人類共同價值，樹立共同、綜合、合作、可持續的新安全觀，弘揚共商共建共用的全球治理理念。打造人類命運共同體，需要建立平等相待、互商互諒的夥伴關係，營造公道正義、共建共用的安全格局，謀求開放創新、包容互惠的發展前景，促進和而不同、兼收並蓄的文明交流，構築尊崇自然、綠色發展的生態體系。這一系列先進理念和務實方略，給國際金融危機後並不安寧的世界注入了和煦春風。社會主義中國以開放的胸懷和包容的心態擁抱世界，是世界和平的建設者、全球發展的貢獻者、國際秩序的維護者和人類美好未來的開創者。中國特色社會主義蓬勃發展，意味著人類有望迎來一個持久和平、共同繁榮的嶄新時代。

《人民日報》（2016 年 05 月 19 日 07 版）

新社會主義研究叢刊　AA201022

中國特色社會主義制度為什麼管用

| 主　　　編 | 人民日報社理論部 |
| 版權策劃 | 李換芹 |

發 行 人	林慶彰
總 經 理	梁錦興
總 編 輯	張晏瑞
編 輯 所	萬卷樓圖書（股）公司
排　　　版	小漁
封面設計	小漁
印　　　刷	百通科技（股）公司

出　　　版	昌明文化有限公司
	桃園市龜山區中原街 32 號
電　　　話	(02)23216565
發　　　行	萬卷樓圖書（股）公司
	臺北市羅斯福路二段 41 號 6 樓之 3
電　　　話	(02)23216565
傳　　　真	(02)23218698
電　　　郵	SERVICE@WANJUAN.COM.TW

大陸經銷
廈門外圖臺灣書店有限公司
電郵 JKB188@188.COM

ISBN 978-986-496-559-5（平裝）
2020 年 3 月初版一刷
定價：新臺幣 380 元

如何購買本書：
1. 劃撥購書，請透過以下帳號
　帳號：15624015
　戶名：萬卷樓圖書股份有限公司
2. 轉帳購書，請透過以下帳戶
　合作金庫銀行古亭分行
　戶名：萬卷樓圖書股份有限公司
　帳號：0877717092596
3. 網路購書，請透過萬卷樓網站
　網址 WWW.WANJUAN.COM.TW
　大量購書，請直接聯繫，將有專人
　為您服務。(02)23216565 分機 610

如有缺頁、破損或裝訂錯誤，請寄回
更換

國家圖書館出版品預行編目資料

中國特色社會主義制度為什麼管用／人
民日報社理論部編 .— 初版 .— 桃園市：
昌明文化出版；臺北市：萬卷樓發行，
2020.03
面 ；　公分
ISBN 978-986-496-559-5（平裝）
1. 社會主義　2. 中國大陸研究

549.22　　　　　　　　　　109003281

《中國特色社會主義制度為什麼管用》© 簡體中文版2018年1月第1版　人民日報出版社
本著作物經廈門墨客知識產權代理有限公司代理，由人民日報出版社有限責任公司授權萬卷樓圖書股份
有限公司（臺灣）出版、發行中文繁體字版版權。